事件現場清掃人が行く

事件現場清掃人が行く／目次

第三章——特殊清掃という仕事

第五章――事件現場清掃人への道

写真　山下弘毅、高江洲敦
構成　田中学

はじめに

誇りを持って仕事にのぞむ

首には大きな数珠《じゅず》。顔には防毒マスクを装着し、ビニール製のカッパで全身を覆《おお》う。手にはゴム手袋。隙間《すきま》ができないよう、粘着テープで厳重に封をする。そして靴には、やはりビニールのカバー。

これが私のいつもの作業着です。

傍《はた》から見ると奇妙でものものしいいでたちです。知らない人が見たら、まるで爆弾でも処理する人間のように思われるかもしれません。

しかし、私がこれから立ち向かうのは、爆弾などではありません。日本のどこにでもある住居です。

「お疲れ様でした」

ドアを開けるとき、私はいつも心の中で呼びかけます。

それは、この仕事をはじめるようになって、いつの間にか私の習慣になったものです。

目の前にあるのは、確かにどこにでもある住宅。

しかし、唯一違っているのは、ここが主《あるじ》を失った家だということです。

自殺、孤独死、事故死。

亡くなる事情はさまざまですが、死を迎えるそのときまで人が暮らしていた住処《すみか》には、主の複雑な思いが残っているはずです。

私は現場に入る度《たび》に故人の人生を想像し、「お疲れ様でした」と思わずにいられないのです。

大変な人生でしたね。でも、いずれ誰にでも死は訪れます。もしかすると、私もいつかあなたと別な世界でお会いすることがあるかもしれません。

そんな思いで故人のお宅にお邪魔し、死者の霊を慰める気持ちで、私は家中に塩と酒と米をまきます。

人によっては念仏でも唱えた方がいいのではないかというかもしれません。けれども、私にとっては意味のわからない念仏よりも、心からねぎらいの言葉をかける方が納得できるのです。

首にかけた数珠は、作業中、両手を自由にするための苦肉の策です。

それというのも、私の仕事はさまざまな事情で亡くなった人が暮らしていた家や部屋に入り、そこにある汚れを取り除き、遺品を整理し、必要に応じてリフォームすることなのです。

私が仕事をすることで、血と体液が染みこんだ床もきれいになり、ゴミがあふれかえった部屋も塵《ちり》一つない空間としてよみがえります。

もちろん、簡単な仕事ではありません。誰もやりたがろうとしない仕事です。でも、そこに主を失った部屋や家があるかぎり、誰かがこの仕事をしなければなりません。私は死者の痕跡《こんせき》をきれいになくすことで家にふたたび生命を与え、ご遺族や家の持ち主に安心してもらうことを喜びとしています。そうすることで、亡くなった方にも喜んでいただけると信じています。

事件現場清掃会社。

この社名には、職人としての私の誇りがこめられています。

死者が残していった痕跡を消し、原状回復するというこの仕事をはじめて九年。いつの間にか私が手がけた現場は一五〇〇件を超えました。

一つ一つの死の現場には、亡くなった人の思いや残された人々の思いが交錯し、忘れがたいドラマとなって私の心に刻み込まれてきました。この経験の一端を綴《つづ》り、今の日本社会を特徴づけている孤独死や自殺といった「死のスタイル」の実情をご紹介したいと思います。

死とは誰にとっても悲しい出来事ですが、一方では忌《い》まわしく誰も触れたがらないものでもあります。

しかし、誰一人として死から逃れることができない以上、その死の後始末をする人間も必要なのです。ならばこの本を書くことで、私のささやかな仕事ぶりを少しでも多くの人に知っていただくようにするのは、私のつとめではないかと思うのです。

今日もまた、どこかでご遺体が発見されて私のもとに電話がかかってきます。腐敗が進んだ体からあふれ出た血液と体液、それらがもたらす強烈な汚臭に戸惑い、呆然《ぼうぜん》とする人々からの連絡です。

「ご安心ください。私がきっときれいにして差し上げます」

そうです。私がやらなくて、いったい誰がこの仕事をやるのでしょうか？

その思いが、私を今日も駆り立てるのです。

二年間発見されなかったご遺体

東京近郊にあるマンションの一室。

このマンションはまだ新しく、築二年ということでした。そしてまた、この部屋の主が命を失ったのも、ほぼ二年前のことでした。

まだ三〇代だったというその男性は二年前のある日、心不全のために息を引き取りました。ひきこもりを続けていて近所づきあいもなく、親類縁者との行き来もほとんどなかったようです。そのため、誰も男性が死亡したことに気づくことがなく、ただ時間だけが過ぎてしまいました。典型的な孤独死です。

人が亡くなったまま放置されれば、当然肉体の腐敗がはじまり、強烈なにおいを発するようになります。

多くのケースで孤独死が発見されるのは、部屋から漏れてくるこのにおいに誰かが気づき、家主や警察に連絡が行くのがきっかけになるものです。

ところが、この男性の場合は新築の高級マンションだったため室内が広く、気密性が高く、壁も厚く、ほとんどにおいが外に漏れなかったのです。

結局、この男性の死亡は、住宅ローンの支払いが滞りはじめたことをきっかけに、最終的に裁判所が差し押さえにきたところで発見されました。すぐさま警察から関係者に連絡が行き、めぐりめぐって私のところに仕事がやってきたというわけです。

私がうかがったときには、警察によってご遺体は運び出された後でしたが、聞けばすでに白骨化していたといいます。締め切った空間で二年間も放置されると、肉体は腐敗によって朽《く》ち果て、ミイラ化するというわけです。

厳密にいえば残るのは骨だけではありません。腐敗した遺体が残した強烈なにおいと、体の中から涌《わ》き出したウジ虫とハエ、畳から涌き出したであろうハサミ虫、さらに得体の知れない不気味な虫たちの死骸、そして目、鼻、耳、口、体中の穴から流れ出した血液と体液が人型になって残っているのです。

この現場の場合は、玄関を入るとフローリングの廊下があって奥にリビング、左手にバス・トイレ、右手の奥が畳敷きの和室になっていました。

いわゆる死臭には慣れっこになっている私ですが、さすがに二年間もこもっていたにおいはいつも嗅《か》ぎ慣れているものと違い、思わずたじろぎました。

リビングなどは一見したところよく整頓されていてきれいです。

ところが奥に入っていくと、意外なものがありました。フロアのかたすみに小さなケージがあり、そのなかにこれも骨と毛皮だけが残っている動物の死体があったのです。あたりを見回すと小さなテーブルがあり、その上に写真が何枚かのっていました。写っているのは可愛らしいウサギです。この部屋の主は、おそらくウサギだけを友として暮らしていたのでしょう。

そのウサギも、主人が亡くなってしまったために餓死したものと思われます。

強烈なにおいには、この部屋の主とウサギの死臭が混じっていたのです。

問題の和室は打って変わってひどい有り様です。畳の上には蒲団が敷いてあり、ご遺体があった跡がまるで影法師のように黒ずんで残っています。

その跡を中心に、虫たちの死骸が散乱しています。畳、壁、柱、窓にはりついたまま干からびているものまでいます。

ウジ虫とハエの死骸が乾ききって転がっているのですが、これらの虫は二年の間、腐敗が進んだご遺体に卵を産んでは屍肉《しにく》を食べながら成虫になり、また卵を産みつけるというサイクルを餌がなくなるまで何度も繰り返してきたのでしょう。

大量の虫の死骸を掃き取りビニール袋に入れ、掃除機を使って丁寧に虫を除去していきました。

虫を片づけ、蒲団を上げると、思った通り遺体から流れ出た体液が、蒲団を通して

高級マンションで死後2年たって発見された遺体跡。
体液は蒲団と畳を通り抜け、床下のコンクリートにまで達していた。

畳にまで染みこんでいます。蒲団に残っていた人型が、コピーしたように畳にも残っていました。

二年間も放置されていただけに、染み出した体液は相当なものだったはずです。このような場合は蒲団、畳はもちろんのこと、その下にある床材からコンクリートまで体液が染みこんでいることが多いのです。

実際、畳をはがしてみると、体液は床材も通り越してコンクリートまで落ちていました。

ここまでくると、原状回復させるためには床材を替え、体液が染みこんだコンクリートを削ってコーティングをするといった、リフォームまでしなければなりません。

結局、すべての作業を終えて部屋は元通りになりましたが、分譲当初数千万円もしたこの部屋は、競売にかけられることになり、つけられた価格は数百万円だったと聞きました。

ウサギだけを友として生き、誰に看取られることもなく天国に行ってしまった男性。彼は、自分が住んでいた部屋がこのように処理されていくのをどんな思いで見ていたのでしょうか。

第一章　孤独死の現場

激増する孤独死

孤独死とは、文字通り、一人で誰にも看取られることなく病気や突発的な事故で命を失うことです。

「孤独死」という言葉そのものは一九六〇年代、日本社会が核家族化していった時代からあったようです。

子どもたちは独立して都会に出て行き、田舎には老夫婦だけが残る。夫婦で暮らしているうちはいいけれど、どちらかが亡くなってしまうと一人暮らしをしなければなりません。

そんな状態がずっと続いているうち、ある日、親戚の誰かが久しぶりに訪ねてみると、一人暮らしをしていたはずのお爺さんやお婆さんが亡くなって何日もたった状態で見つかる、ということが多く見られるようになり、孤独死問題としてマスコミに取り上げられていきました。

しかし「孤独死」が、もっと厳しく、切ないものとして私たちの心に迫ってきたのは、一九九五年一月に起きた阪神・淡路大震災のときだったのではないでしょうか。

震災で家を失った人々はやむなく仮設住宅に移り住みましたが、そこでは長年培《つちか》われてきた地域のコミュニケーションが断絶され、孤立した人々が慣れない環境によるストレスでアルコール依存症になったり、夏冬の厳しい環境のために健康を害したりして、誰にも気づかれずに亡くなっていったのです。

震災から一〇年の間に、仮設住宅とその後に造られた復興住宅で孤独死と呼ばれるような亡くなり方をした人は、五六〇人を超えています。

この現実は、震災によって家や財産を失うよりも、人との関係をなくす方が人間にとってはつらいことなのだという真実を私たちに示しているように思えます。

現在の私たちは震災のような災害がなくても、社会の中で人間関係を失い、孤立したまま死を迎えてしまう時代に生きています。

一九六〇年代に核家族化が進んでいるといわれた社会は、今や単身化が進む社会といわれるようになり、孤独死を迎えてしまう人がどんどん増えているのです。

社会の単身化は統計にあらわれています。

たとえば一九八〇年代、単身世帯は全世帯の二〇%でしたが、二〇三〇年には四〇%近くまで増えるだろうといわれています。さらに五〇歳になっても単身者であることを示す生涯未婚率は、一九七〇年代は一%台だったのが二〇三〇年には二五%近くまで増加すると見られています。つまり、あと二〇年後には日本人の四人に一人が、五〇歳を過ぎても家族を持たずに暮らしているだろうと予測されているのです。そして、これらの人々はとりもなおさず孤独死の予備軍といってもいいのです。

子どもの世話になりたくてもなれない、あるいは自ら一人で生きる道を選んだ独居老人、さらには熟年離婚をして一人暮らしを余儀なくされている人々。そして不安定な雇用や失業したために家族を持てずにいる単身者。こうした人々が増えていくにつれ、孤独死の数も確実に増えていくのです。

ただし、現在の時点で実際に日本で孤独死をしている人がどれだけいるのか、その数を示す統計はありません。

私が調べたところでは、東京都による『東京都監察医務院　平成二三年版事業概要』という資料に一人暮らしの死亡者数が記録されていました。これを見ると、東京二三区で孤独死した人は二〇〇七年で五四八九人でしたが、年ごとにその数は増え続け、二〇一〇年には六三八三人と、六〇〇〇人を超えるまでになっています。

また、二〇一〇年一月にNHKが放送した「無縁社会」というドキュメンタリー番組では、身元不明の自殺者や行き倒れ死など、誰にも知られず、引き取り手もないままに亡くなった人の数が、日本で一年間に三万二〇〇〇人もあったということが報じられて反響を呼びました。

私たちの心の中には今でも、誰かが死ねば必ず家族や親類縁者が通夜・葬式を営み、故人と関わりのあった人たちが故人を悼《いた》むものだという思いがあります。

しかし、東京都で孤独死した六〇〇〇人もの人々、さらに自殺や行き倒れで亡くなった身元もわからない三万二〇〇〇人もの人々を見送る人はいません。

それでは、こうした人々の死は、誰がどうやって始末をつけるのでしょうか。

現場で見つけたアルバム

その現場は東京の下町と呼ばれる地域にある、古いアパートの二階の一室でした。

亡くなったのは六二歳の男性で、発見されたのは死後約一カ月。半年ほど前に仕事を失い、以後はほとんど六畳一間の自室にこもっていたといいます。たまたま部屋を訪れた元同僚が、玄関口で助けを求めるようにして倒れていた男性を発見しました。

私に仕事を依頼してきたのは、アパートの大家さんでした。ご遺体の腐敗が進んでしまっていたためにおいがひどく、遺品整理をすると同時に一刻も早くにおいを消してほしいということでした。

病院で亡くなるのと違い、こうした孤独死は変死扱いとなって死因を調べるためにご遺体は警察が運び出していきます。

しかし、後に残った血液や体液の汚れ、毛髪などはそのまま放置されるので、誰かが掃除をしなければなりません。一般的に考えれば、遺族がその役目を引き受けるべきだと思うかもしれませんが、孤独死の場合は遺族そのものがいなかったり、いたとしても疎遠《そえん》だったことを理由に後処理を断ってくることが多いというのが現状です。

この男性の場合も、少し離れたところに義理の姉がいることがわかったのですが、遺体の引き取りはおろか火葬の費用を出すのも拒否され、結局は大家さんが火葬を行い、死亡現場となった部屋の清掃を引き受けざるをえなくなったのでした。

部屋の中には洗濯物が吊るされ、台所には最後の食事だったのでしょうか、干からびた食べ物が入った食器が置いてありました。

「失業保険をもらっていたようですからね、生活は苦しかったみたいですよ。家賃も、最後の何カ月かは滞納したままだったから」

大家さんは、いかにも困ったという口ぶりで私に話してくれました。家賃を滞納された挙げ句、死亡後の始末までしなければならないのですから、大家さんにとってはず迷惑なこととなります。しかし、実際にはこのようなケースは決して珍しくないのです。

汚れは、ご遺体があったという玄関口を中心に広がり、体液が床を通って階下の天井まで達していました。完全に汚れとにおいを取り除くには、汚れた部分を削り取らなければなりません。ちょっとしたリフォームです。

まずは現場を消毒してから遺品整理をして室内を片づけ、それから汚れを取り除く作業をするというのが、この仕事の手順です。

遺品整理をしていると、いろいろなものが出てきます。それらを見ていると、自然に亡くなった方の人生が見えてきます。

誰も自ら望んで孤独死していくはずはありません。人間ならば、誰しも自分がこの世に生きていたことの証《あかし》を遺《のこ》しておきたい、誰かに自分のことを覚えておいてほしいと思うものではないでしょうか。私は遺品整理をしながら、図らずも孤独死してしまった方のそんな思いを受け止め、できることならご遺族に何らかの形で伝えたいと考えています。

この男性の遺品には、一冊のアルバムと小さな額に入った写真がありました。アルバムには男性が若かった頃の写真が貼ってありました。小さな額には撮影してからずいぶん時間がたったと思われる女性の写真がありました。その女性は奥さんだったのでしょう、アルバムの中にも二人で写っているものが何枚もあります。

　おそらく男性は先立たれた奥さんとの思い出を大切にしながら生きていたのではないでしょうか。

　しばらく作業をしていると、タンスの裏から同じ女性の写真が入った、大きな額が出てきました。

　そこで私は「ああ！」と声を上げてしまいました。

　そのタンスはなかなか一人で動かせる大きさではありませんでした。その裏から写真が出てきたということは、おそらくタンスの上に飾っていた額が何かの拍子で裏に落ちてしまい、取り出すことができなくなったに違いありません。そこで男性は仕方なく、小さな写真を額に入れ、かわりに飾っていつも見ていたのではないでしょうか。

　そう考えると、男性の女性に対する思いがどんなものだったのかが伝わってきて、私を切ない気持ちにさせるのでした。

　しかし、後で大家さんに聞いたところによると、男性は一度も結婚したことがなかったはずだというのです。

ということは、女性は昔の恋人だったけれど、何らかの事情で結婚にはいたらなかったのでしょうか。いずれにしても、男性には死ぬまで大切に思える女性の存在があったことは確かで、孤独死というつらい現実の中でも、人が人を思う気持ちを痛切に感じ、ほんの少し救われたような気持ちにさせてもらいました。

特殊清掃の七割が孤独死

私の設立した事件現場清掃会社は、いわゆる特殊清掃を専門に行っている会社です。「特殊清掃」という言葉自体、いまだに明確な定義があるわけではありませんが、主に自殺や孤独死などがあった場所で、消臭・消毒、虫の駆除、遺品整理、廃品・ゴミ処理、清掃・リフォームなどで原状回復まで請け負う仕事です。同業他社のなかにはこの他にも、損壊が激しいご遺体の外見回復処置（エンバーミング）や、供養やお祓《はら》いまで引き受けている企業もあるようです。

普通の葬儀社や清掃業者では手に負えない作業を引き受けるのが特殊清掃であり、

孤独死や自殺が増えている今の日本の社会的な状況とあいまって、需要はどんどん増える傾向にあります。

そのため、最近は同業他社がずいぶん多くなってきていますが、こうした仕事を看板に掲げる企業が現れたのは、二〇〇二年頃からです。私の場合は、一九九六年からハウスクリーニングを行っていましたが、葬儀屋さんの紹介で、この仕事をはじめて請け負ったのが二〇〇三年のことで、まだまだこの業界は歴史が浅いというのが確かなところです。

しかし、私たちのような専門業者が現れる以前にも、孤独死や自殺の現場はあったわけで、それらはどのように処理されていたのでしょうか。

調べてみると、住人が死亡したり自殺などで帰らぬ人となった場合、その始末にあたるのは第一が身内の人で、その次が地元の役場や清掃局の人、一般のアパートでは便利屋さんのような業者に任せていたようです。

しかし、これらの人々では血液や体液を完全に拭き取り、においまで除去することは技術的に不可能なのです。そこで、においや汚れがひどい場合には、民間のアパートなどは建築業者に任せて建物ごと解体してしまうことも少なくありませんでした。すべて壊して、新しく建て直せば、新築物件として貸し出すことができます。

けれども、解体・新築となれば当然のことながらそれだけお金がかかりますから、そう簡単には決断できません。

そんなとき、私たちのような専門業者ならば汚れた部分、においが発生している部分だけを完全に取り除き、汚れやにおいがひどい場合にも解体せず、最小限のリフォームをすることによって再び人が住めるように原状回復できるのです。

まだ歴史が浅く、社会的にもまだまだ認知されているとはいえないこの仕事ですが、私は依頼者に対して、床を単に拭くだけでなく床下、ときには建物の基礎部分まで徹底して汚れとにおいを除去せざるをえないこと、場合によっては階下にまで及ぶリフォームの必要性をすべて説明することにしています。

においについては、最終的には私自身が床に鼻をこすりつけるようにして確認し、絶対に大丈夫となったところで作業を完了することにしています。

私は二〇〇三年から現在まで、まる九年の間におよそ一五〇〇件の現場を扱ってきましたが、クレームがついたことは皆無です。

それは私のプロとしての誇りとなっています。

私が扱う事件現場は、主に孤独死と自殺の後始末です。その割合は、だいたい七対三で、孤独死が倍以上ということになります。

自殺の場合は必ずしも自宅で死んでいるとはかぎらないため、事件現場清掃の依頼は孤独死の方がずっと多くなっています。

老人よりも中年男性が危ない

孤独死をするのは年金暮らしの老人が多いと思われるかもしれません。

ところが実際には、五〇〜六〇代の男性が多いのです。

まず統計を見ると、二〇〇九年に東京で亡くなった一人暮らしの人の数は五三四六人で、このうち男性は三六九八人と七〇%近くを占めています。そのなかで五〇〜六〇代の男性は一七六八人。男性全体の半数近くがこの年代ということになります（東京都監察医務院『平成二二年版統計表及び統計図表』より）。

これは実際に特殊清掃の現場でも実感することで、仕事を失って生活保護を受けている男性や、日雇いなどの不安定な仕事をしている男性の亡くなった部屋の片づけが非常に多いのです。

一般的に見れば、五〇代といえばまだ働き盛り。それなのになぜ？　と思うのですが、私なりに分析すると、この年代で孤独死する男性は往々にして不摂生をしていたことが見て取れます。

部屋の中はゴミだらけでビールや焼酎の空き缶、空き瓶が散乱しているケースがほとんどです。食事も自分で作らずコンビニ弁当ですませていたのでしょう、袋に詰めこまれた弁当の容器がたまっています。これではアルコール依存症になってもおかしくありませんし、偏った栄養で病気になりやすいことも想像できます。

こういう人にかぎって病院に行ったりせず、気分が悪いときには市販の薬を飲んでその場しのぎをするため、根本的に病気は治りません。その結果、アルコールによる肝硬変を起こしたり、不規則な食生活から糖尿病を悪化させ合併症を引き起こし、命を縮めてしまうようなのです。

決まった仕事をして、毎日ある程度規則正しい生活を送っていれば、それほど健康を損なうことはないでしょう。毎日職場に顔を見せていれば、様子がおかしいときには仕事仲間が心配してくれたかもしれないし、通勤姿を見かけないとなれば隣近所や大家さんが気にかけてくれたかもしれません。

けれども毎日部屋にこもって周囲との関わりを持たず、酒浸りの不摂生な生活をしていたのでは誰も気づきません。健康を害して倒れても、助けを呼ぶことさえできずに亡くなってしまいます。そうして何日も、ときには何週間、何カ月も誰にも気づかれずにいるのです。

孤独死で老人がそれほど多くないのは、具合の悪い人は病院に入院している場合が多いのと、お年寄りの場合は普段から周囲が気にかけていることが多く、姿を見かけなくなると「どうしたんだろう？」と心配される立場にあるからだろうと思います。

しかし五〇代の「働き盛り」では、しばらく姿が見えないとしても、「きっとどこかに出掛けたんだろう」くらいにしか思ってもらえません。

この世代の男性の孤独死には、いつもわびしさがつきまといます。

迷惑顔の身内、怒る大家

孤独死がつらいのは、誰にも看取られずに死んでしまったという事実はもちろんのこと、その死が悲しまれるどころか迷惑がられるところにもあります。

確かに、孤独死をしてしまう人は身内とのつきあいだけでなく、友人もなく、近所の人とのコミュニケーションも欠如しているケースが大半です。そういう人がある日突然亡くなって、身元調査をした警察から自分のところに連絡が来たとしても、素直に遺体を引き取り、葬儀を行って遺体を荼毘《だび》に付し、墓に入れてあげようという気持ちにはなかなかなれないのが、人情というものでしょう。

もう何十年も会っていない他人同然の「身内」のために、全国平均で二三一万円かかるといわれる葬式を出してやる身内はまれです。むしろ、遺体を引き取るのはおろか火葬の費用も出さない、遺骨だけだったら引き取ってもいいというケースが多いのです。もちろん、こうした場合は遺品整理など不要で、財産は放棄するので、遺されたものはどんなものもゴミとして処理してほしいというのが私たちに出される要望です。

たまに、遺品の中から大金が見つかることもありますが、そのときだけは別で、当然のように遺族に渡ります。

遺族の中には、遺品整理を依頼したものの、もしかすると金目のものが見つかるかもしれない、見つかった場合には横取りされないようにしなければならないと疑心暗鬼に駆られて私たちの作業に立ち会おうとする人もいます。正直な話、遺族に立ち会われ、一つ一つの作業をチェックされていては仕事になりません。

なんとも悲しいことですが、それもまた人間の性《さが》というものだと思い、私は作業に立ち会うといい張る遺族がいる場合には、極力丁寧に作業内容を説明し、もし何か大切なものが見つかった場合には必ずお見せするからと説得することにしています。

一方、貸していた部屋で孤独死者が出た大家さんにとっては災難としかいいようがありません。

もし遺品の中から現金や株券などが見つかったとしても、第三者の大家さんに渡ることはありません。

現実には店子《たなこ》の変わり果てた姿の発見者になることが多いうえ、ようやく見つかったご遺族からも財産放棄され、火葬その他一切に関わる費用は払わないと拒絶されてしまうのです。

おまけに残った部屋を原状回復するために私たちのような業者を頼まなければならず、もし完璧に部屋が原状を回復して再び部屋を貸すとしても、家賃を大幅に下げなければ借り手はつきません。まさに踏んだり蹴ったりですから、近頃は年配者には部屋を貸さない大家さんが多くなっているのです。

たとえば葬儀を行わずに直葬するとしても、一〇万円程度はかかります。そのうえ、遺品整理や特殊清掃を頼めば五〇万円から六〇万円という費用がかかります。さらに原状回復にリフォームが必要となれば、その程度に応じて出費がかさみます。普通の木造アパートでも、大幅なリフォームには一〇〇万円以上は見ておかなければなりません。

これだけの出費を気持ちよく払える大家さんは、まずいません。

そこで多くの場合、大家さんとご遺族との間で訴訟が起きます。賃貸物件の場合には保証人がいますが、間借り人が死亡した場合は善意の第三者という扱いになって責任を取らずにすむことが多いようで、結局、大家さんかご遺族が負担することになってしまうのです。

つい最近も、あるアパートに二〇年間住んでいた老人が孤独死しているのが見つかり、その部屋の原状回復にかかる費用をどうするか揉めました。

亡くなった老人は元大手重機メーカーの社員で、入居するときにはその上司が保証人になっていたのですが、二〇年もたってから保証人だったことを突きつけられてリフォームの代金を払ってくれといわれても、納得いくわけはありません。「契約時にそこまでの説明は受けていない」といわれると、裁判になったときに貸主側の説明義務が問われ引き下がらざるをえない、という場合がほとんどなのです。

こうした例を何度も目《ま》の当たりにしてきているので、少しでもいさかいが少なくすむように、大家さんとご遺族の間に私が立って仲介することが少なくありません。

私としてはご遺族の気持ちもわからないではないし、大家さんの気持ちもよくわかります。現場となるアパートは古い建物が多く、大家さんも昔ながらのいい人がほとんどで、何カ月も家賃を滞納されても文句をいわないような人たちなのです。

できれば大家さんの負担を少しでも減らしてあげたいとの思いから、ご遺族には半分くらいはお金を出してあげてはどうですかと提案してみます。

また、大家さんに対しては、もし訴訟を起こすことになったとしても、その費用がまたかかることや、訴訟をしている間の時間を考えたら、少しでも早く部屋を元通りにして貸せるようにした方がいいのではないですか、と話してみます。

その結果、話がまとまって訴訟にならずにすめば、私としても嬉しいし、気持ちよく仕事ができます。何より亡くなったご本人が喜んでいると思えます。

孤独死予備軍の部屋

特殊清掃をする現場は、住人が亡くなってしまったところだけではありません。最近依頼があった現場も、ある独居男性の部屋で、本人はまだぴんぴんしているのですが、認知症がひどくなってしまい、強制的に施設に入れられてしまったというケースでした。依頼は市役所の生活保護課からで、残された部屋の汚れがひどいために掃除を依頼してきたのです。

私の携帯電話に、受け付けオペレーターからのメールが届きました。

「依頼内容：室内清掃、消臭、消毒、残存物整理
依頼者：××市役所生活保護課　担当○○
建物の種類：集合住宅
部屋の種類：六、四・五畳、和式トイレ、風呂場、台所
ハエ等の発生：あり
悪臭の有無：あり

残しておくべき遺品等：なし
備考：本人は生存。まったく片づけられずに介護付きアパートに転居。食品腐敗。猫の餌、におい、フンあり。床や蒲団に染みあり。風呂に本人の排泄物あり。家財道具他すべて処分し、部屋の原状復帰を希望」

見積もりをするために現場に向かうと、古ぼけたそのアパートに市役所の職員が来ていました。彼の説明によると、部屋の住人は五〇代の男性でゴミの量と汚れがひどく、虫が発生しているということでした。認知症のためにトイレがわからず、浴室に糞便《ふんべん》があるともいいます。

ドアを開けると四〇センチほどの高さに積み上がったゴミの山が崩れてきて、共同廊下を散らかしてしまいます。部屋に入ってみると、すでに電気が止められていて真っ暗です。懐中電灯をつけると、なるほどものすごいゴミで足の踏み場もないほどです。いろいろなものが腐ったにおいと糞尿混じりのにおいがこもり、不潔なペットショップにいるようです。

しかし、これだけ汚れていても、人が死んだ部屋とそうでない部屋ではやはり何かが違います。それは単に死臭がしないということだけではありません。住人が亡くなった部屋では、こちらの思い込みかもしれませんが、誰かに見られているような、音もしないのに何かを語りかけられているような、息のつまるような空気が流れているものなのです。

中に入っていくと、積み上げてあったゴミの山がバラバラと崩れ落ちてきます。一カ所として両足で直立できるスペースはありません。壁に手をつかずに前へ進むこともできません。

台所には飲みかけのコーヒー飲料がこぼれたままになっており、汚れた食器がたまっています。冷蔵庫の中にはまだ卵や野菜が入ったまま腐りかけています。

問題の風呂場を見ると、確かに人間の大便が排水口にあり、水の流れをせき止めています。たまった水も変色して悪臭を放っています。

「これはひでえや！」

思わず呟《つぶや》くと、ガミガミした女の人の声が続きました。振り向くと暗い戸口にお婆さんが顔を出していました。

「まったく、そんなところにクソなんかしやがって！　どうしようもないよ、こいつは！」

どうやら隣に住んでいるお婆さんのようです。

これだけ汚れていると、当然隣室にもにおいが漏れていったでしょうし、ゴキブリやハエなどの被害があったに違いありません。いくら本人が認知症になっていたとはいっても、隣に暮らしている人から見れば迷惑以外の何ものでもないでしょう。

「猫もうるせーし、臭くて仕方ないったらありゃしねーよっ。早く何とかしとくれよ」

「汚ねーな」「くせーな」と文句をいい散らすお婆さんですが、そうして怒っているお婆さんもまた、一人で生活しているようでした。

そのお婆さんの部屋もまた、外から見た様子でかなり汚れていることがわかります。もしかしたら、この人だって認知症になるかもしれないし、あるいは孤独死するかもしれません。

近所の人から文句をいわれることがよくあるのですが、ある程度の年齢で一人暮らしの方には、孤独死の危険がいつだって身近にあります。危うい綱渡りをしているようなもので、うっかり足を踏み外して、右側に落ちれば孤独死。左側なら認知症になって施設に強制収容されてもおかしくはないのです。上手《うま》く渡りきることができたとしても、最後に待ち受けているのが死であることに変わりはありません。ただ、死の形が違うだけです。

それにしても、これだけゴミをためてしまうと始末をするのは容易ではありません。

ざっと見ただけでも、すっかり片づけるにはトラック三台は必要でしょうし、作業員も三人は要《い》ります。消毒をして消臭し、汚物で汚れた床を張り替えるとなると安く見積もっても六〇〇万円はかかる計算になりました。

けれども、このケースのように役所から依頼が来る場合、支払えるのは五万円、多くて一〇万という場合が多いのです。これでは経費にもならないので仕事は成立しません。実際このときも、生活保護課の職員が提示してきたのは同じような金額でした。

「残念ですが、それではお受けできません」

事件現場清掃に誇りを持っていますので、安い金額に合わせていい加減な仕事をしてすませるというわけにはいかないのです。はっきりと伝えますと担当者の方も困った顔をしていました。

「原状回復までは求めません。ゴミを片づけて、風呂場や台所だけきれいにしてもらえれば、それでかまいませんから」

私は考え込んでしまうのです。もし、私が断ったとしても、彼はきっと少ない金額でこの仕事を引き受ける業者を見つけるでしょう。

少ない金額で仕事を引き受ける業者は確かにいるのです。しかし、そうした業者のほとんどはお金に困っているところで、どんなに安い金額でも仕事を引き受けるかわり、どこかの山の中にでもゴミを不法投棄してしまうようなケースもあるのです。

さて、どうしたものか。

事情がわかっているだけに私も困った顔をするしかありませんでした。

第二章　自殺の現場

一四年連続で三万人超の自殺者

二〇一二年三月九日、警察庁は昨年一年間に全国で自殺した人の数を発表しました。その数は、三万六五一人で、これは一九九八年以降、一四年連続で三万人を超えたことを示しています。

また、男女別では男性が前年より一三二八人少ない二万九五五人で、女性は同二八九人多い九六九六人でした。都道府県別では、最も多かったのが東京都で三一二〇人（前年比一六七人増）、以下、大阪府の一九二四人（同一四六人減）、神奈川県一八五二人（同三人増）、埼玉県一六六七人（同六四人減）、愛知県一六三四人（同六三人増）です。

一四年間で四二万人以上が自殺をしているという事実は、先進国の中で最も自殺が多いことを示しています。この事態の異常さは一〇年で県庁所在都市が一つ消えてしまった、あるいは一日に一〇〇人近い人が自殺しているという譬《たと》えを使うとよくわかると思います。

自殺者が多いという背景には景気の悪化や、日本社会に着実に広がっている貧困の問題があります。派遣労働者のような不安定で立場の弱い労働者が増え、生活の不安が広がることで精神的にも追い詰められてうつ病になる人が増えるということも、自殺者増加に関係があると思います。

事件現場清掃という私の仕事に関していえば、自殺関連の仕事は全体の三〇％程度です。これは自殺の場合、孤独死のように自宅で亡くなるとは限らず、屋外や車の中で命を絶つケースがあるからだと思われます。

しかし、実際にその現場に行ってみると、練炭自殺や硫化水素による自殺など、昨今多く見られるようになった自殺法が生々しく残されているのを目にします。

また、自殺の場合は単に悲しみが遺族を襲うだけでなく、ときには「なぜ死んでしまったんだ！」というような怒りにも近い感情が湧き起こることも少なくありません。自殺者と同じ数だけ自殺発見者もいるのです。

さらに、アパートで自殺があった場合には退去者が続出するなど、大家さんにも大きな損害を与え、ときには訴訟にまで発展することもあります。

死んでしまえば皆同じとはいいますが、後のことを考えると、どんな事情があるにしてもやはり自殺だけはしてはいけないと、私は思います。

ガムテープで書いた遺書

事件現場清掃会社は、二四時間依頼を受けつけています。

その電話が私の携帯に転送されてきたのも、あたりが寝静まった深夜のことでした。こんな時間を気にしたのでしょう、呼び出し音は数回鳴ると途切れてしまいました。こんな時間に電話をかけてくるのは、よほど切羽詰まった状態にある依頼者なのです。

私はすぐに折り返しの電話をしました。

「何かお困りの事情がおありでしょうか？」

すると、ためらいがちな若い女性の声が聞こえてきました。

「実は……兄が自殺をしてしまいまして……」

よほどつらいのでしょう、それだけ話すと、後は何から話していいのかわからないという気持ちが伝わってきます。

私は彼女が落ち着くのを待って、今置かれている状況を少しずつ聞き出していきました。そして、彼女のお兄さんが亡くなったのは三日前で、現場は東京東部にある彼が借りていた部屋であること、練炭を使った一酸化炭素中毒死で、部屋にはもう一人

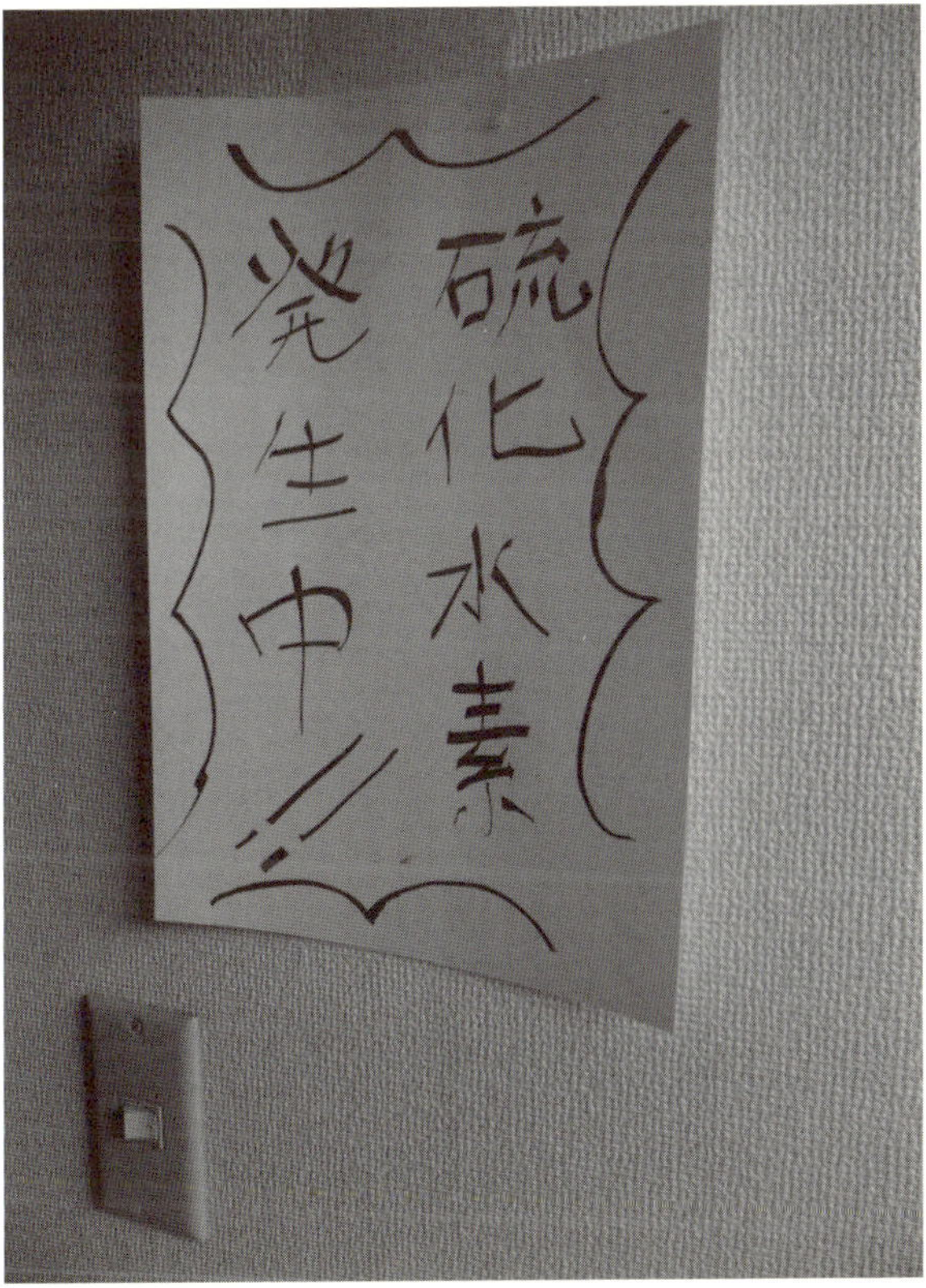

20代男性が最後に遺したのが
「硫化水素発生中!!」という言葉で、遺書はなかった。
続発する化学薬品を使った自殺は問題となり、
現在、その方法はインターネット上でも規制されている。

若い男性の遺体があり、どうやら二人は自殺サイトで知り合った間柄らしいということ、自殺があったことで大家さんが非常に怒っていることなどがわかりました。

私は必ず力になるからと約束をして電話を切りました。

後日、現場を訪ねると、電話をかけてきた故人の妹さんと、そのご両親が出迎えてくれました。挨拶をして、少し話しただけで、三人ともとても穏やかな人柄であることがわかりました。それだけに、家族の一人が自殺したという事実が重くのしかかっているのだろうと察せられます。

さっそく現場の状態を確かめることにしましたが、私はこれ以降は妹さんではなく、お父さんと話を進める約束をしました。現場の確認にはご遺族にも立ち会っていただかなければなりませんが、妹さんや憔悴《しょうすい》した様子のお母さんに自殺が行われた生々しい部屋を見せるのはどうかと思われたからです。

部屋に入ってまず目についたのは、二カ所ある窓、エアコン、クローゼットにすべてガムテープで目張りがしてあるのと、足下とテーブル、ベッドの脇に二個ずつ燃え尽きた練炭が置いてある様子でした。

雑然とした部屋は、いかにも若者が暮らしていたように見えますが、テーブルの上にウィスキーが入ったグラスが二つ、それに睡眠薬が無造作に並んでいました。練炭

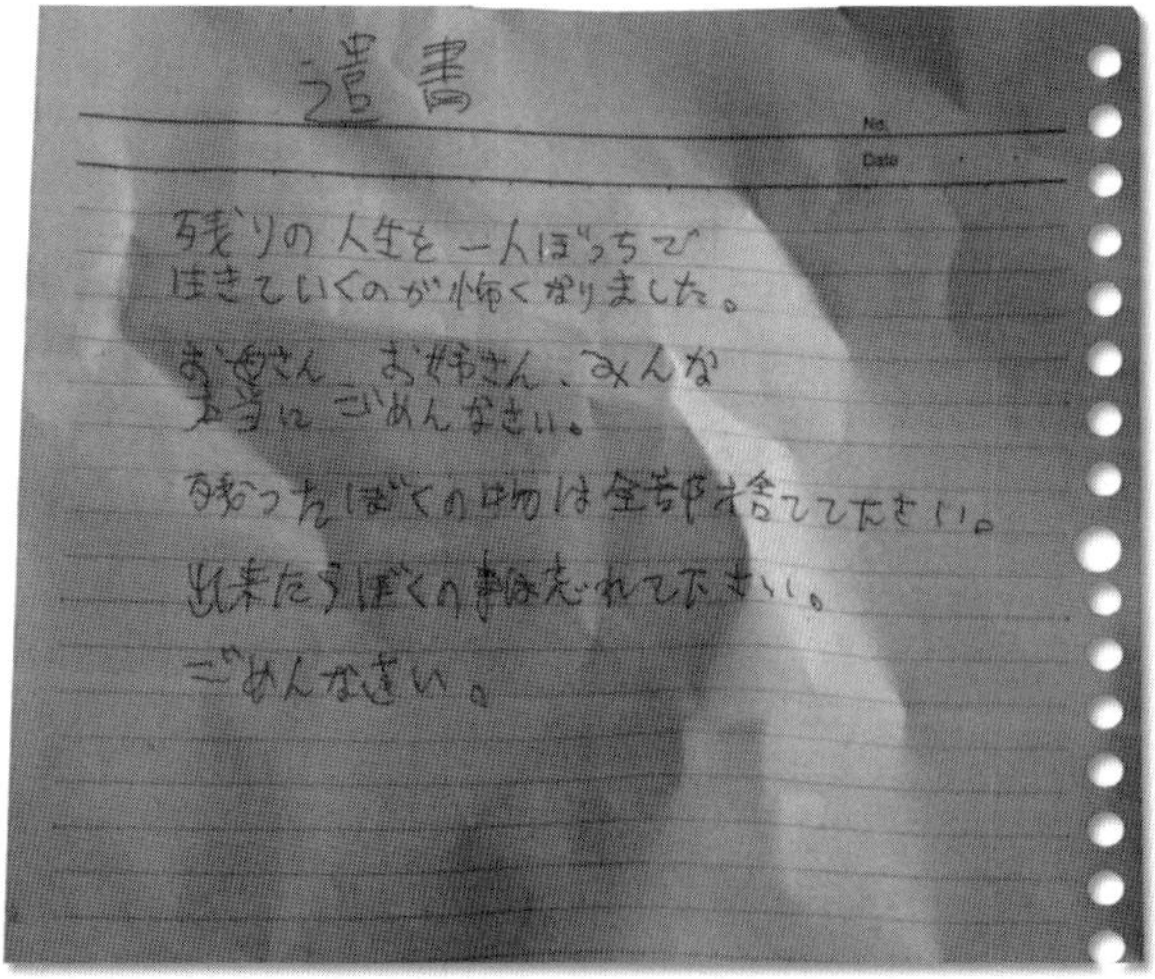

事件現場清掃人が遺書を発見することは多い。
写真の遺書は遺族に引き取りを拒否され、神社で焼かれた。

に火をつける前、二人はウィスキーで睡眠薬を飲み、死の恐怖を和らげようとしたのでしょうか。

ご遺体があった痕跡としてはベッドとカーペットに血痕が残っていました。しかし、死後三日で発見されたにしては腐敗臭がほとんど残っていませんでした。

お父さんと二人で部屋を点検し、遺書は残されていないようだと話し合いました。ところが、締め切ってあったカーテンを何気なく開けたとき、私は見てはいけないものを見てしまったような気がして、あわててカーテンを閉め直さなければなりませんでした。

カーテンを開けた窓ガラスに、ガムテープを貼り合わせた文字で「ゴメン」と書かれてあったからです。

誰に向けて書いたのか——おそらくは後に残される人すべてにあてたのでしょうけれど、「ゴメン」という一言が、いかにも重く感じられ、私はこれをお父さんに見せるべきなのか迷いました。

遺品整理をしているとき、貴重品などが見つかればもちろんご遺族に渡しますが、写真や手紙などのなかにははたして渡すべきなのかどうか、迷ってしまうものがあります。とくに手紙やメモなどは、故人だけの秘密だっただろうと思われる内容や、遺族に対する恨みが書かれていることがあるのです。

どうしようかと私が立ち止まって考え込んでいると、お父さんは何かを察したのでしょう。

「どうしたんですか？」

と聞いてきました。

私は、ここで隠しておくことはできないと思い、黙ってカーテンを開いて見せました。

お父さんは一瞬、息をのんで窓の文字を見つめていましたが、やがて目に涙をうっすら浮かべて顔を崩し、一つうなずきました。

私たちはそれからしばらくの間、何もいわず、黙々と部屋の点検を続けました。

不動産屋の自殺告知義務

今回の現場の場合、死臭がほとんどなかったために作業としては血痕のついたベッドとカーペットを撤去することと、あとは通常通りに、安全のために消毒作業をし、遺品整理をするだけですむものでした。

しかし、自殺の場合はたとえ部屋が汚れていなくても全面的にリフォームすることを望む大家さんが多いものです。

大家さんには、次の入居希望者があっても通常は五年程度、「事故物件」として自殺があったことを告知する義務があります（宅建業法四七条一項「取引上重要な事実」）。長期間空室になる可能性が高いうえ、家賃を大きく値引きしなければ入居者が決まりません。

場合によっては風評被害を受けて他の入居者が退去してしまうこともあります。そのため大家さんによっては神主さんを呼んでお祓いするなど、諸々の費用がかさみます。自殺は大家さんにとって交通事故に遭ったような大被害なのです。

今回の現場でも、ご遺族から大家さんが立腹していることを聞いています。そこで、私は単に部屋をきれいにして明け渡すのではなく、なるべく早く次の人が住めるようにハウスクリーニングとクロスの張り替えだけはやっておいた方がいいのではないかと提案しました。そうして大家さんにも納得できる形で部屋を返さなければ、最悪の場合、損害賠償を求める訴訟に発展することもあるのです。

幸い、ご遺族も私の提案を受け入れてくれたので、私はこの話をもって直接大家さんに会うことにしました。

はじめて顔を合わせた大家さんは、確かに非常に立腹しているようで、まともに挨拶もできないほどでした。

けれども「ご迷惑をおかけしたので、ハウスクリーニングとクロスの張り替えをしてから部屋をお返ししたい」旨を伝えると、大家さんもわかってくれ、同意の返事をいただくことができました。

部屋に戻った私は、ご遺族に大家さんの意向を伝えてから、作業を開始しました。

部屋全体を消毒して遺品を運び出し、汚れたカーペットとベッドは処分したうえでハウスクリーニングとクロスの張り替えを終えると部屋は元通り以上にきれいになりました。

かかった日数は四日。費用は七三万円でした。

作業をすべて終え、トラックに乗り込むと、ご遺族が三人そろってやってきて、何度も頭を下げてお礼をいってくれました。私としては最善の方法を提案し、できる限りのことをしただけなのですが、三人はいつまでも頭を下げて私を見送ってくれました。

トラックが走り出してもルームミラーにはまだ頭を下げている三人の姿が映っていました。ご遺族の方々もこれでようやく一息つくことができるのだろうか、そう考えると、「よかったなあ」と思わずにはいられませんでした。

このときの私は、後に思わぬ迷惑をご遺族にかけてしまうことになるなどとは思ってもいなかったのです。

ニュース番組出演の反響

自殺者の数が増え、社会問題になるにつれて、私たちのような特殊清掃を生業《なりわい》にする人間にも注目が集まるようになってきました。

私もこの仕事をはじめてからホームページをつくり、仕事の内容などを紹介していました。すると、それを見たテレビ局の方から連絡があり、私の仕事ぶりを取材させてほしいと依頼してきたのです。

私としては会社のＰＲになることはもちろんありがたかったのですが、それよりも、テレビで紹介されることで困っている人の手助けになれれば、こんなに嬉しいことはないという気持ちが強く働きました。身内の誰かが孤独死しているのを発見された、あるいは自殺したと知らされて、どうしていいか途方に暮れる思いをしている人はたくさんいるはずです。

普通ならば葬儀社に連絡をして、そこから派遣されてくる担当者のいうことに従っていれば通夜・葬式をすますことができます。

けれども、変死あつかいとなる孤独死や自殺の場合はそうはいきません。通夜や葬式のことなど考える余裕もなく、警察とのやりとりや大家さんへの挨拶、あるいは近隣に住む人々への気遣いなどに心身ともに忙殺されるのです。しかも、警察以外の相手は、直接・間接的に「どうしてくれるのだ」「早く始末してくれ」と訴えてくるケースが非常に多いのです。

そんな事態に直面して、平然としていられる人などいないでしょう。

もし、そうした人たちが私の存在を知ってくれ、自分の置かれている状況の力になれることを理解していただけたならば、それは間違いなく人助けになります。

私はテレビ局からの依頼を引き受けることにしました。

担当のディレクターは、私が実際に清掃作業をしている様子を撮影すると同時に、これまでのさまざまな事例を写真で紹介したいといいました。私は承諾し、血液や体液で汚れた現場写真と、その現場を清掃した後の写真を提供することにしました。

ところが、しばらくしてまたディレクターから連絡が来て、単なるビフォア・アフターの写真ではなく、自殺や孤独死のあった生々しい現場の写真もほしいといってきたのです。

その現場写真として先方が選んだものの中に、窓ガラスの「ゴメン」の文字がありました。

私の脳裏には、あのカーテンを開けて「ゴメン」という文字を見たときのお父さんの表情がよみがえってきて、即座に返事をすることができず、「ご遺族の了解を得させてください」といって電話を切りました。そしてすぐに携帯に登録してあった番号を見つけ出し、あのいつまでも頭を下げていたご遺族に事情を話しました。

私の仕事がテレビで紹介されることを聞いたお父さんは、拒絶をするどころか、「よかったですね」と素直に喜んでくれました。そして、私がいいにくい思いをしながらも、あの「ゴメン」の写真を使わせてほしいと頼んだときも、気持ちよく「いいですよ、お役に立てるならば。これからもお仕事頑張ってください」といってくれたのです。

お父さんの優しい言葉に、私は心から感謝しました。

おかげでニュース番組の特集コーナーとして私を取り上げた放送は無事にすみ、大きな反響があったことを知らされました。私は、あのお父さんに少しは恩返しができたかなと思いました。

二度目のテレビ出演の後悔

それからすぐに、別のテレビ局から連絡があり、また私の仕事を取材させてほしいと依頼がありました。今度はドキュメンタリー番組で取り上げたいというのです。私はまた引き受けることにしましたが、ここで大きな失敗をしてしまったのです。

番組担当者は当然、私を取り上げてくれたニュース番組を見ていて、そのなかでもあの「ゴメン」という窓の文字に強烈な印象を受けていたのです。

自分たちの番組でもぜひ、あの写真を使わせてもらいたいといわれたときに、私のなかでは葛藤《かっとう》が起きていました。

もう一度あの写真をテレビで映すということは、やはりご遺族の承諾を取らなければいけないだろう。けれども、ご遺族の気持ちを思うと、前回気持ちよく許してもらっているだけに「またテレビに使わせてください」と頼むのは、心苦しい。ご遺族にしてみれば、自分の息子が最後に遺した印をテレビで全国の人に見られるのですから、嬉しいはずはないのです。

また同じことを頼むのは、どうにも気が重い。けれども、テレビ局の担当者はぜひに、といいます。

そこで私は自分勝手な判断をしてしまったのです。

「前回、あんなに快く許してくれたのだから、今回も大丈夫だろう」

私は、自分の心を都合よくねじ曲げてしまったのです。

担当者は、私がOKを出したことを受け、すぐに番組づくりに入り、録画したビデオの編集に取りかかりました。

やがて、テレビをつけていると、私を取り上げるドキュメンタリー番組の番組宣伝が何度も流されるようになりました。自宅にいてたまたまそれを見た私は、即座に、

「これはマズイな」

と思いました。わずか三〇秒ほどの宣伝のなかに、あの「ゴメン」の写真がはっき

り映っているのです。無断で使用許可を出してしまったあの写真をご遺族が見たら、驚くに決まっています。

　案の定、数日後、私が若手の経営者が集まるある会合に出席しているときに携帯が鳴りました。ご遺族の、あのお父さんからでした。私は会を中座して電話に出ました。

「また、テレビに出られるようですね」

　お父さんは、静かに話しはじめました。

「はい、おかげさまで。ありがとうございます」

「でも、私たちは近頃になってようやく気持ちも落ち着いてきたのですが、テレビを見ていてまた息子が遺した文字が映っているのを見て、当惑しているのですよ」

　私には何とも答えようがありませんでした。

　私は何度も謝り、そして今からすぐにテレビ局に掛け合って、番組であの写真を使うのを止《や》めるようにお願いすると約束しました。

　私は会合の席に戻り、申し訳ないけれども重要な交渉をしなければならなくなったので、しばらく席をはずさせてほしいと頼みました。脂汗を額に浮かべ、おそらく顔色は真っ青になっていたのでしょう。会の座長役をつとめていた先輩が、心配そうに声をかけてくれました。

私はろくに返事もできず、テレビ局の担当者に連絡しました。

しばらくして、ようやく担当者と電話がつながり、私は事情を話して番組と今放送で流れている番組宣伝からあの写真の部分を削除してほしいと頼みました。

しかし、担当者はすでに編集が終わったビデオテープは局の方に渡してしまったので、これからもう一度引き上げて編集するのは難しいといいます。

目の前が真っ暗になりました。

でも、それでは仕方ないといったことにはなりません。二度とあのご遺族に顔を合わせることができなくなります。

「なんとかお願いします。このままではご遺族の気持ちを傷つけてしまいます」

すると、担当者もようやく折れてくれ、番組の方は何とかしてみるといってくれました。

「だけど、番宣の方はもう流れてしまっているので、どうしようもないですよ」

これ以上無理は利かないことは私にもわかりました。

がっくりして会合の席に戻ると、さっき声をかけてくれた先輩が「どうしたんだ？」と、心配そうに尋ねてきました。

私が事情を説明すると、彼はこう切りだしました。

「ご遺族は本当にそう伝えたかったのかな？　一度は承諾をくださったのでしょ？ご遺族の真意はどこにあるのかなぁ。もう一度、冷静に考えてみろよ」

私はハッとしました。

「自分たちの気持ちをないがしろにされたように感じているんじゃないかな？」

「そうかもしれません」

「それなら、もう一度ご遺族に謝罪してみろよ。だってご遺族は、高江洲さんを心から応援してくれているのだろう？」

「……はい。その通りです」

「じゃあ、もう一度謝罪してお願いしてみろよ」

私は、直《す》ぐにその場を立ち去りご遺族に電話をかけました。そして謝ったうえで、どうしても番宣から写真をはずすのだけは不可能だと正直に伝えました。そのうえであらためて、もう一度だけあの写真を使わせてもらえませんか、とお願いしました。

電話の向こうでしばらくの間、沈黙が続きました。

「わかりました。使ってください」

「ありがとうございます！」

「お体に気をつけて、お仕事頑張ってくださいね。高江洲さん、応援してますよ」

私は、またしてもご遺族から励まされてしまいました。

ちょっとした気のゆるみから、ご遺族の気持ちを踏みにじってしまいそうになったこの一件。私はこの先、決して同じようなことがあってはならないと自分を戒めました。そして、あの「ゴメン」の写真は、二度と使用しないと心に決めました。

同業他社のシロウト仕事

一二月のある日、埼玉県のベッドタウンにあるアパートに私が向かったのは、ご遺族からの電話があったからでした。

亡くなったのは二八歳の娘さんで、弟と一緒に住んでいたアパートで、ロフトの梯《はし》子《ご》を立てかけるフックに縄をかけ、首を吊っているところを発見されました。死後三週間。その間、弟さんはちょうど仕事で海外に出張に出ていたそうです。

今回の依頼がいつもと違うのは、ご遺体を発見後、この現場に特殊清掃業者が入り、すでに清掃からリフォームまですませているという点です。

ご遺体が発見されたのは七月だったということで、三週間の間にかなり腐敗が進んでいました。異臭と虫の発生がひどく、二階にあるその部屋から体液とともにウジ虫が下の部屋に落ちていったといいます。その結果、階下の住人は引っ越してしまい、自殺が発見されたことで隣室も退去。六室あったアパートのうち四室が空室になっていました。

家主はご遺族に、部屋を明け渡すと同時にリフォームして、原状回復することを要求しました。会社役員だったというお父さんが清掃・廃棄物処理業者のＡという会社に依頼してリフォームをしたそうです。

ところが、一見したところ完璧に原状回復したはずの部屋なのに、いつまでも独特な異臭が部屋に残っている。家主は家賃を半額以下にして入居者を入れようとしたけれども、部屋を見に来た客は皆、変なにおいがするといって契約にいたらず、五カ月が過ぎてしまいました。事故物件でも破格な家賃条件で入居を希望する人はけっこういるものなのですが、あのにおいの中で生活できる人はまずいません。

このままでは部屋を貸すことはできないと、家主は怒り、ご遺族のお父さんに対してもう一度リフォームをやり直すことと、五カ月分の未入居者賃料三〇万円あまりを要求してきました。

ご遺族としてはすでにリフォーム代として九〇万円を支払っており、それでもにおいが取れないのはおかしいと、A社にクレームをつけました。ところが、A社の担当者はのらりくらりと言い訳をするばかりで未入居者賃料の支払いはもちろん、リフォームのやり直しにも応じようとせず、「これ以上いくら清掃をしてもにおいは取れない」といったきり、連絡が取れなくなってしまいました。

そこで、困り果てたお父さんが電話してきたのが私だったのです。

私はとりあえず現場に行ってにおいの原因がどこにあるのか調べました。

その結果わかったのは、A社は目に見える部分の汚れはきれいに拭き取り、部屋のリフォームも完了しているけれども、床下に染みこんだ体液を丁寧に除去していませんでした。さらに、ご遺体があったのはフローリングの部屋でしたが、床の汚れを水拭きで取ろうとしたらしく、においの元になっている体液が隣にあるキッチンにまで広がっていることもわかりました。

事件現場清掃を専門にする私から見れば、これは明らかにシロウト仕事です。フローリングの床を水を使って洗ってはいけないということは鉄則といっても過言ではありません。脂とタンパク質を多く含んだ体液を水で洗ってしまうと、においの元が広がっていくだけなのです。

家賃6万5000円の部屋は3万円でも借り手がつかなかった。
リフォームずみの部屋だが、床をはがしてみると、体液が残っていた。

においを完全に取り除くには床下の汚れも完全に取らなければならず、そのためには床をはがして工事する必要があります。それら再度の工事・作業一式をふくめて私が出した見積もりは七〇万円でした。お父さんにしてみれば二重の出費になるわけですが、私としてもこれがギリギリの数字です。

私に任せてくれるなら、五カ月間どうしても取れなかったにおいをまったくにおわないようにすると保証すると、お父さんは私の言葉を信用し、仕事を任せてくれました。

一度だけ、前の業者と私、不動産屋さんとお父さんで自殺のあった部屋での話し合いが実現しました。「においを消す契約はしていない」と主張するA社にお父さんは涙ながらに誠意を求めました。自殺現場には娘さんの写真が立てかけられ、お父さんの無念が痛いほどに伝わってきました。娘さんを心から愛していたお父さんで、娘の生前の後始末に必死なのがよくわかり胸を打たれました。

私の主義は一回で完璧な仕事をするということです。そうでなければこの仕事の信用はすぐに崩れていきます。汚れやにおいが少しでも残っていたのではご遺族はもちろん、亡くなったご本人も不本意に違いありません。

たとえどんなに絶望して自殺を選んだとしても、自分が死んだ後の汚れのために誰もその部屋に近づかなくなったとしたら、どう思うでしょうか。もし霊というものが存在するならば、死に場所を汚してしまったことを恥ずかしく思い、大家さんにも申し訳ないと感じているのではないでしょうか。大家さんやご遺族に迷惑をかけたくて亡くなった人はいないのです。

事件現場で、そんな死者のメッセージを感じることがあります。だから私は、亡くなった方のためにも完璧な仕事をしなければならないし、ご遺族の負担が少なくなることを目標にしているのです。

床に鼻をつけて仕事の最終確認

いわゆる死臭は、人が亡くなった後、肉体が腐敗していく過程で発生します。腐敗の進み方は、その場所の温度に左右されますが、一般に死後二四〜三六時間たつと腹部から腐敗ガスがたまり、それが体中に広がって体を膨張させます。

私たちは「腹が割れる」と表現していますが、やがて体の中にたまった腐敗ガスが、グズグズに腐敗し柔らかくなった体を破って噴出します。

血液や体液があふれ出し、体を中心に広がり、畳や床に染みこんでいきます。畳や蒲団の上で亡くなった場合は体液を吸収して汚れの広がりが最小限におさまるのですが、フローリングの床では体液が広がるばかりです。

広がった体液に接した木製のタンスや壁がさらに体液を吸収します。また虫などが、床から壁、天井に飛び回るので、汚れと悪臭は四方に広がります。

私も、はじめのうちはにおいまで完全に取るのは無理だと思っていました。強力な消臭剤を使っても、しばらくはにおいが消えるのですが、時間がたつと再びどこからともなくにおいはじめてくるのです。しかし、これではご遺族や大家さんが納得しないし、亡くなったご本人も残念でしょう。

そこでいろいろ私なりに調べてみると、においの元になっているのは体液や血液ではなく、どうやら腐敗によって細菌などの微生物が大繁殖し、その腐敗物を栄養分にしてさらに増殖を繰り返すことで、腐敗臭がより強くなることがわかってきました。

この死臭の原因物質は、畳やカーペットならば染みこんでいくだけですが、ワックスを塗ってあるフローリングの場合、ワックスにふくまれる油分と酸化が進んだ脂肪分が溶け合って、床の上を広がっていくのです。

今回の自殺現場となったアパートの一室もフローリングで、死臭はかなり広がったはずです。そのうえ原因物質のことをよく知らない業者が水拭きしてしまったので、においはさらに広がって、水とともに隣のキッチンまで達してしまったのだと思います。実際、システムキッチンを取り外して床をチェックしてみると、体液の染みが広がっているのが確認できました。

さらに、ご遺体は部屋の仕切りにあったということですが、前の業者は敷居の下にはまったく手をつけていないことがわかりました。電動ノコギリを使って床をはがし、敷居を調べてみると、色の濃い染みが見つかりました。

丈夫な敷居そのものにも体液が染みこんでいました。あたりには虫の死骸も転がっています。電動ノコギリでこの木材を切ると、摩擦熱で原因物質が蒸発し、部屋中に鼻をつくような、一段と濃度が高いにおいが充満しました。もう慣れてしまいましたが、ときどき電車などに乗っていて、口臭が強い人の隣に立つと、現場のことを思い出します。どちらも、顔をそむけたくなるような、どこか似たにおいなのです。

敷居の下にあった染みを取り除き、フローリングに広がっていた染みとキッチンの染みも丁寧に点検しながら補修交換していきました。

クリーニング可能なフローリングの表面には、提携している薬剤会社に専用品として提供してもらっている洗剤を使います。これは、タンパク質や脂肪を分解する酵素をバイオテクノロジーで製品化したものです。血液や体液は、タンパク質と脂肪でできていますので、それらの汚れはこの洗剤を使えば容易に分解できるのです。

この洗剤は人体にも安全性が高く、洗浄後の廃液は自然分解され環境にもいいのです。こうした洗剤できちんと汚れを取っておけば、除菌・消臭剤の効果も高まります。

一連の作業を終えると、部屋の横にある浴室の鏡に気がつきました。

鏡に映っているのはもちろん私一人です。

しかし、この鏡は、亡くなった女性が暮らしているときもその場所で女性を映し続けていたものです。一日に何度か、女性はこの鏡に向かっていたことでしょう。そんなことを考えると、今は亡くなってしまった女性の魂が、鏡を通して私の仕事を見つめているような気がしてくるのです。

「これで大丈夫です。もうすっかりにおいは消えましたから、ご安心ください」

私は鏡に向かって心の中で呟きました。事件現場にはいつも、故人の生活の一部始終を見守っていた鏡や窓があります。

弟さんの生活の場でもあった部屋を汚してしまったことを女性はきっと気にしていたことでしょう。

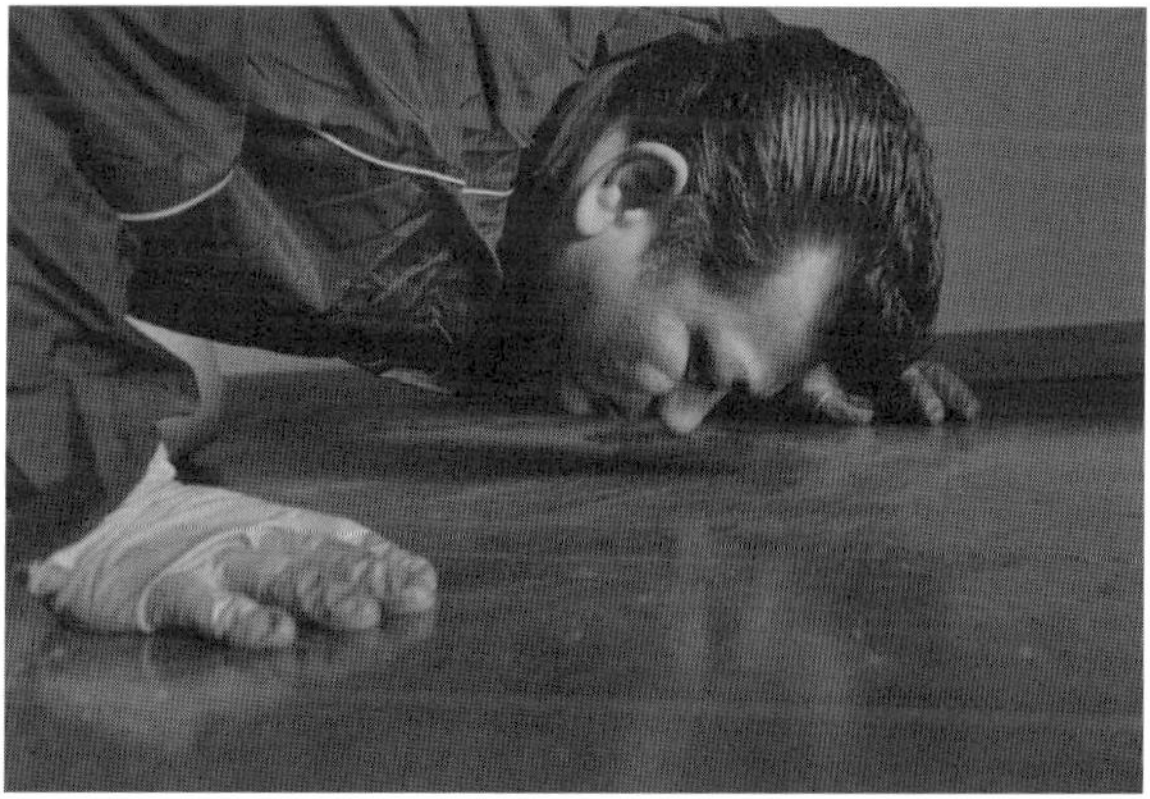

仕事の最終確認は必ず自分の鼻でする。
納得いかなければ何度でもやり直す。

お父さんの悲しみも後悔していることでしょう。五カ月もの間、部屋を訪れる人が「臭い、臭い」といっていたのを心苦しく思っていたことでしょう。

今、こうしてすっかりにおいの元を消し去ることで、女性はきっと感謝してくれているのではないか。私にはそう思えます。

すべての工事が終わり、ご遺族のお父さんに部屋を引き渡す前に、私は最後の確認をしました。

床に這《は》いつくばって鼻を押しつけるようにし、においが残っていないか確かめました。元料理人である私の嗅覚は、普通の人よりも敏感です。部屋全体を舐《な》めまわすようににおいを嗅いでいきます。

そしてにおいがないと判断できれば仕事が完了です。

これで、誰がこの部屋を訪れても、変なにおいがするなどとはいわせません。ご遺族のお父さんも非常に喜んでくれましたし、何より故人に安心してこの世を旅立っていただけます。

それがこの仕事の一番のやりがいなのです。

においでわかる故人の死因

死臭には男女の違いはありません。

ただし、年齢による違いはあります。おそらく、若い人に比べると老人は体についている脂肪と水分の量が少ないために、いくらか死臭が弱いようです。高齢になって、枯れたように亡くなった人の場合は腹が割れることもなく、ミイラのようなご遺体になるので、さらに死臭は弱くなります。

一方、若い人の場合は外食産業の成長とともに、いわゆるジャンクフードを食べる人が増えていることや、食生活そのものが洋食化して脂肪分の多いものをたくさん食べるようになったことで、やせ細ったような体型の人が少なくなり、亡くなった後にも昔とは違う強い死臭を放つようになっているのではないでしょうか。

また、事件現場に行くと、亡くなった方の死因を聞かされなくてもわかってしまうことがあります。

一番わかりやすいのは糖尿病とアルコール依存症で亡くなった場合です。

とくに糖尿病の場合は、腹が割れて血液などが流れ出してもなかなか凝固《ぎょうこ》せず、床一面に広がっているので、見た目だけでも違いがわかります。

においも、糖尿病やアルコール依存症だった人は内臓が傷んでいることが多いので、その腐臭には独特のものがあります。

電車などに乗っていると現場を思い出すことがあると述べましたが、極端なときにはそのにおいから隣にいる人が内臓疾患を患っているとか、アルコール依存症なのではないかと疑うほどです。

同じように、内臓系のガンで亡くなった人の場合も、独特のにおいがして、なんとなく死因を判断することができます。

特殊清掃をやっていると、他人の息のにおいに敏感になるようです。

清掃しやすいのは孤独死より自殺

妙な話ですけれども、私がやっている特殊清掃という立場から見ると、仕事が楽なのは孤独死があった現場よりも自殺の現場です。

というのも、孤独死に比べて自殺は発見されるのが早いことが多く、発見が早ければそれだけ現場の汚れやにおいもそれほどひどくはないのです。

前項でご紹介した女性の場合は、自殺から三週間後に発見されたケースですが、これは発見が遅かった方です。

これに対して冒頭でご紹介した孤独死の場合は、死後二年たってようやく発見されたものでした。これも極端といえば極端な例ですが、自殺をする人は仕事の悩みや男女間の悩み、経済的な悩みなどで死を選びます。ですからその直前まで人との関わりが続いていることが多く、また死に際してメッセージを遺していくことが多いので、発見が早いのです。

たとえば最近多く見られるようになった硫化水素自殺でも、「危険、毒ガス発生中」といった文句を書いたダイイング・メッセージが遺されていることもあるので、比較的早く発見されます。あるいは自殺サイトで知り合った同士が練炭自殺をするというたケースでも、遺書が遺されていたり、家族から捜索願いが出されていたりして発見されていきます。

もちろん、どこかに出ていって自殺した場合には発見までに時間がかかることもあるでしょうが、自宅で亡くなった場合は比較的早く発見されるのです。

一方、孤独死はといえば、社会やコミュニティーとの関係を絶ってしまった人が亡くなる場合が多いので、誰にも気づかれずに発見が遅くなるのです。

人間の体は腐敗が進むと「腹が割れる」と述べましたが、その段階を過ぎると内臓から溶けはじめていきます。

同時に、ウジ虫やハサミ虫のように死体を食べて成長・繁殖する虫も発生します。肉体がドロドロの液状になるのと、虫が動き回り、飛び回ることで汚れはどんどん広がります。

ご遺体の発見が遅くなり、汚れが広がるほど思わぬところが汚れるようになり、技術と経験不足の業者には汚れを取り除くのが困難になっていきます。明らかに不十分な工事をした業者の尻ぬぐいをしたケースを紹介しましたが、同じように特殊清掃の業者に仕事を頼んだのに、汚れが取り切れていないケースは決して少なくありません。

ご遺体があった場所をきれいにしたはずなのに、まだにおうというので私が行ってみると、実は掃除をしたのは警察がご遺体を遺体袋に入れるために一時的に置いた場所で、本当に亡くなった場所は別の部屋だったということもあります。

そんなとき、私は探偵のようにご遺体がどう動かされたかを推理し、犬のようににおいがする箇所を嗅ぎまわって汚れが残っているところを見つけ出します。

悲しき母娘心中の現場

自殺の方が仕事は楽だ――そんなふうに書いてしまいましたが、実際の現場に行ってみると、精神的にはかえってつらい思いをします。

その仕事の依頼は知り合いの葬儀社さんからきたものでした。

亡くなったのは女性二人、親子の心中ということでした。

娘さんが一人で母親を介護していたのだけれど、心身ともに疲れ果てて自殺の道を選んでしまったようです。

二人並んで、もう何年も前に流行した古い「ぶら下がり健康器」に首を吊っていたそうです。ぶら下がり健康器にぶら下がったヒモは靴ヒモやゴムヒモなど家中にあったヒモをつなぎ合わせたものでした。

さらに話を聞くと、死を決意した娘さんは自殺を決行する前に驚くほど完璧な準備をしていたことがわかりました。

彼女は、自分と母親の葬儀を出すためにあらかじめ葬儀社数社に見積もりを出させ、もっとも安い葬儀社の見積書を、すぐ目につくように机の上に置いてありました。さらに離れて暮らしている妹に、この葉書が着く頃には自分たちは死んでいるのでよろしく頼む、とハガキを送っていたのです。

ハガキを受け取った妹は驚き、すぐに姉のところに電話をしたけれど、すでに誰も出ない。そこで警察と一緒にマンションに急行し、二人が亡くなっているのを発見したのでした。

発見したとき、二人の体の下にはブルーシートが敷かれていて、後を汚さないように気を配っていました。

実の親とはいえ、体の自由が利かず、認知症を発症した老人を一人で介護するのは非常に過酷です。本来ならば国や自治体が援助の手をさしのべるべき問題ですが、いまだに十分な支援は行われず、介護に疲れた子どもが親を殺《あや》めてしまうという悲劇が全国で起きています。

しかもこの娘さんは、母親一人で死なせるのが忍びないと、自分も死ぬ決意をしたのです。なんとも痛ましい事件です。

娘さんから生前に見積もりを受けた葬儀社さんは、特殊清掃から遺品整理までできる業者として私を妹さんに紹介したそうです。

さっそく私も見積もりを出し、清掃と遺品整理を引き受けることが決まりました。

現場となったマンションはブルーシートのおかげでリフォームどころか特別な清掃が必要ないほどでした。

あまりにもきちんと始末をつけて自殺したということが、かえって妹さんにとってはつらく、自分が母親と姉を死なせてしまったような気持ちになっているのが話をしていてもありありと伝わってきました。

しかし、妹さんも一人で忙しい仕事をしていたうえに、離れたところに暮らしていたのですから、介護を手伝うのは難しかったのです。

「お姉さんは決してあなたのことをお恨みになっているとは思えません」

私はそう話すしかありませんでした。

ぶら下がり健康器に残っている二本のヒモを見ると、老老介護の現場からの悲鳴が聞こえてくるようで、私自身も責められているような気持ちにならざるをえませんでした。

遺品を整理していると、二人の暮らしぶりが見えてきます。母親の年金の他、ほとんど収入がなかった暮らしは、そうとうつましいものだったようです。

自分の死後のことまで気を遣うだけあって、室内は整理整頓が行き届いていました。ところが、私と一緒に仕事をしていた社員が「社長、こんなものが出てきたんですけど」と差し出すものがありました。それは卓上カレンダーでしたが、その裏に母親が綴っていたと思われる「日記」らしきものがあったのです。

「本当は○○（娘さんの名前）と仲良くしたいのに、なぜこの頃いつもケンカばかりしている」

「いつも迷惑ばかりかけていて、申し訳ない。こんな自分が情けない」

文字に乱れはあるけれど、しっかりしたその日記を見ていて、私はとてもつらくなってきました。きっとお母さんは娘さんに気づかれないようにこの日記をつけていたのでしょう。老いていくばかりの自分を娘はどう見ているのか、気にかけている様子がよくわかります。

日記は先に進むにつれて間が空くようになり、書かれている意味もはっきりわからないものが目につくようになっていました。

このお母さんが、娘から死のうといわれたときは、どんな気持ちだったのだろう。

そんなことを考えていると、二人が死んでしまったのは自分の責任だと責めている妹さんに、はたしてこの日記を見せてもいいものだろうかと迷いが生じました。

遺品整理をしていて、手紙や日記などが出てきた場合には、いつも考えさせられてしまいます。ときには恨みごとを綴ったような、残された人が見ない方がいいものが出てくることもあるのです。

今回の現場でも、仕事は楽だったものの、心には重いものがいつまでも残りました。

用意周到な首吊り自殺

ある日、私が向かったのは埼玉県の支店が受けた、葬儀会社からの依頼でした。現場は東京の池袋近くの静かな町でした。

亡くなったのは三〇代の男性で、ＩＴ関連企業に勤めていたといいます。

ご遺体を発見したのは男性が住むアパートの大家さんで、しばらく姿を見かけないので海外旅行にでも出掛けているのかと思っていたところ、男性の部屋の台所にある窓が少し開いているのを見て不審に思い、中をのぞくと横たわった男性の足が見え、異変に気づいて男性に呼び掛けたものの返事がないことから、自殺が発覚したそうです。

死因は窒息死で、死後およそ一週間がたっていました。

クローゼットの洋服掛けにロープをかけて首を吊り、上半身をうつ伏せに浮かせて亡くなっていました。

古い建物が多い静かな町を車で走ると、この庶民的な商店街の近くに暮らす若者が、どうして自ら死を選んでしまったのだろう、と不思議な思いでした。商店街にはスナックや居酒屋、弁当屋に床屋、一通りそろっていました。

この店で食事をしていたのだろうか？　この居酒屋で友達と酒を飲んだこともあったろう、毎日どんなつらい気持ちでこの商店街を歩いていたのだろう？　いつものように亡くなってしまった方の生活を想像しながら現場に向かいました。

興奮している大家さんに話を聞くと、この男性は学生時代からこの部屋に暮らし、気が優しく、ずっと一人暮らしで、訪れる人が少なかったそうです。それゆえに大家さんも何かと男性のことを気にかけていたようです。

事件現場の情報は遺体の発見者である大家さんにうかがうことが多いのですが、なかなか話が終わりません。遺体発見という非日常的な出来事にショックを受けているので、それを誰かに話し、やっと気分が落ち着いてくるのです。

そんな時の話し相手には事件現場清掃人の私が最適なのです。ショックを受け、興奮している大家さんや遺族の話を聞き、気分を落ち着かせて差し上げるのも事件現場清掃人の大切な仕事だと私は思っています。

現場は四階建てビルの四階で、二部屋あるうちの一室でした。私は、埼玉支店の人間と、遺体発見者である大家さんと階段を上っていきました。

いつものように数珠を首にかけ、「お疲れ様でした」と心でつぶやき、部屋にお邪魔しました。部屋の片側にビニールシートが敷いてありました。においも汚れもいっさいありません。ただ、その部屋で自殺があったというだけです。こういう現場では一応の消毒作業や点検はしますが、基本的な仕事は遺品整理と廃品回収となります。

亡くなった男性は、自分が死んだ後、体がどうなっていき、部屋がどのように汚れていくかを調べておいたようです。

首を吊る前に、ビニールシートを敷いただけでなく、紙おむつまで着用して首を吊っていたそうです。インターネット上にでも情報があるのでしょうか。最近では、私が受ける依頼にも紙おむつを着用して首を吊っていたという人が増えています。

「こういう部屋に借り手はつくのかしら？　お部屋をリフォームすると六〇万円もかかるって聞いたけど、遺族が払ってくれるのかしら？」

心配した大家さんが私に尋ねました。

「大丈夫ですよ。亡くなった方はちゃんと後のことを気になさって、どこも汚していませんから。リフォームが必要なところはありませんし、消毒だけしっかりしておけば大丈夫です。遺品整理のお支払いはご遺族と相談するしかありません」

六〇万円のリフォーム代とは、葬儀社から聞いた金額だそうですが、私の出した見積もりは二〇万円ほどでした。

日本の葬儀は高いとよく聞きます。実際私の周囲でもそういう人が多いようです。身近な人の死はそう多く経験することではありませんし、落ち着いた状況にある人が少ないために、いわれるままの金額を払ってしまうのではないでしょうか。

ネットを通じて知らない者同士が集まって死ぬというニュースもよく耳にします。今回の故人はIT企業にお勤めだったのですから、自殺した自分の部屋を汚さない方法もインターネットであっという間に調べられたのでしょうか。

人が死ぬと全身の筋肉が緩み排泄物は垂れ流しになる、というのは誰でも聞いたことがあります。だからといって自殺をする前に紙おむつをすると迷惑が少ない、などということが常識になるとしたら、恐ろしい世の中です。

大人用紙おむつを買っている若い人を見たら、注意が必要かもしれません。だからといって事情を聞くわけにもいかないのだから、世の中は複雑にできています。

ダース・ベイダーからの電話

今では私のところに全国各地から事件現場清掃の依頼がやってきます。そのため事件現場清掃会社では各地のリフォーム業者さんたちとパートナー契約を結び、全国各地に支店が広がっています。

オペレーターから私の携帯電話に仕事依頼のメールが転送されてきました。

「清掃が必要な床面積：一室八畳ほどの面積
故人の死因：首つり自殺
死後の経過時間：一〜三日ほど
現在の状況：部屋に入るのに鍵がなく、警察官がドアガラスを割って入ったので、ガラス交換が必要

依頼者名：○○××
住所：愛知県○○市
備考：ファクスで費用見積もり額を送ってください」

この依頼を見て、すぐに依頼者に電話をすると、聞こえてきたのは機械のような異様な声でした。

「ワタシ、ハ、愛知県ノ、○○ト、イイマス……ムスコ、ガ、ジサ、ツ、シテ、シマイ……」

言葉が途切れがちなうえに、なんとも耳障りな雑音が入ってよく聞こえません。まるで映画『スター・ウォーズ』のダース・ベイダーです。いたずら電話なのかもしれない、と思いました。

しかし、向こうからは相変わらずガー、ピーという音に混じって、まだ状況を説明する言葉も聞こえてきます。

私は不審に思いながら、その機械的な声に神経を集中して言葉を拾っていきました。そしておおよその内容をメモに書き取り、復唱しました。

愛知県には事件現場清掃会社の支店がありますので、まずは現場に行って見積もりを出すように指示しました。

やがてパートナーから正式に仕事が決まったという連絡が入り、私も現場に行くことにしました。経験の浅い支店に仕事を任せる場合、はじめの何件かは私が直接指導しながら作業を進めていく契約になっています。

車に乗って現場に着くと、支店のスタッフと、私と電話で話した男性が待っていました。

男性は、八〇代後半ぐらいに見える老人で、喉の手術をしたらしく、話すときにはマイクを首にあてて機械を通して声を出していました。ダース・ベイダーの正体は機械を喉につけたお爺さんだったのです。

亡くなったのは、この男性の息子さんで年齢は五〇代後半でした。入り口ドアの上部にあるクローザーと呼ばれる金属製の部品にヒモをかけて首を吊り、入り口が体でふさがっているためにドアが開けられず、通報で駆けつけた警官は部屋側にある窓を蹴破って室内に入りました。そのため、現場にはガラスの破片が散乱していました。

故人は何かの宗教に傾倒していたらしく、ご遺体があった玄関には曼荼羅《まんだら》とも魔方《まほう》陣《じん》ともつかない奇妙な模様が入った布が広げられ、壁のあちこちに格言のような宗教の教えを書いたものが貼りつけてありました。

ご遺体の発見が比較的早かったため、腐敗は進んでいませんでした。しかし、消化液が口からあふれ出ており、すっぱい酸性のにおいがする液体が玄関からドアの外の廊下にまで流れ出ていました。

消化液がコンクリートに流れた場合、液にふくまれる酸がコンクリートを溶かしてしまい、その汚れは容易に取れなくなります。そこでまず、溶けた部分をすべて削り取り、元通りに修復しました。

ヒモをかけていたドアクローザーは体重がかかり、歪《ゆが》んで壊れていました。二つあるドアの蝶番《ちょうつがい》は片方が壊れ、開け閉めするとドアがゴトッと傾いてしまうほどに緩み、交換が必要でした。

こうした作業をしながら痛ましく思ったのは、作業を見守るかなり高齢のお父さんです。私たちに対して愚痴をこぼしたり、怒りをぶちまけることもなく、作業の一部始終を見守り、私たちを「ドウカ、キテ、クダサイ」と自宅に招いてくれました。

辞退する私たちを強引に連れて行ったお父さんの住居は、公団住宅の一室でしたが、今の社会を反映するように、すれ違うのは独居老人らしき人たちばかりでした。奥さんにも先立たれているようで、お茶と菓子を出してくれたのも彼自身でした。

病で自分の声を失ったそのたたずまい、老いて一人で暮らす集合住宅の一室、同じく一人暮らしであろう息子の自殺。

すべてが孤独でわびしく感じられましたが、同じように孤独な暮らしをしている人は現在ではたくさんいるようです。事件現場から家族の大切さを学ぶことは多いのです。

自殺現場に見た夜叉

自殺の現場では、しばしば衝撃を受けることがあります。それは、亡くなった人の覚悟が伝わってきて衝撃を受ける場合と、後に遺された人の態度から衝撃を受ける場合とに分けられます。

後者のケースで、今でも忘れることができない事件現場があります。

現場は、比較的新しいマンションの風呂場でした。葬儀社さんからの依頼の仕事で、死因は練炭自殺でした。

死後四日と、比較的早く発見されたために体液などの汚れはそれほどひどくはありませんでしたが、血痕が残り排泄物が出てしまっていたので、それらを清掃してほしいという依頼でした。

仕事としては決して難しいものではありませんでした。現場は汚物のにおいがありましたが、死臭は軽く、むしろ練炭が燃えた後の、焦げたようなにおいが風呂場の中にこもっていました。

私はいつも通りの手順で、淡々と仕事を進めていましたが、ふと背後に人の気配を感じました。そこには女性が立っていました。

女性の顔は、理性を忘れ、怒りに燃え上がっていることがわかりました。

「畜生！」

彼女は、私のいる風呂場に向かって吐き捨てるようにいいました。

「こんなところで死にやがって！」

彼女は亡くなった男性の奥様のようでした。

しかし、その表情は亡くなったつれあいを悼むというよりも、抑えきれない憎しみに歪んでいました。人は夜叉《やしゃ》になることがあるといいますが、今、私の背後に立っているその女性はまさに夜叉でした。

背筋がゾッとして、その場に凍りつきました。身の危険を感じるほどでした。

「生活力もないくせに、一人で死にやがってよ」

そういえば、私がこの現場についたときから、彼女はギラギラした目で私をにらみつけ、話しかけてもつっけんどんな受け答えをしていました。

彼女はご主人が命を絶った現場を前に怒り狂っていました。ご主人が自分を置いて一人、死の世界に逃げ込んでしまったことを許せないようでした。

今回の事件現場に入って、彼女と話したとき、そばにあったテーブルには携帯電話会社からの督促状や、ガス会社からの「元栓を閉める」という警告書、電力会社からの通知などが乱雑に散らばっていました。このご夫婦は、だいぶ生活に追われていたようです。

その背景と、ご主人が自殺した事実、そしてご主人に対する奥様の異様ともいえる怒りから、私には亡くなった男性が、この奥様に追い詰められてしまい、その挙げ句に死を選んだのではないかとまで思われました。

私は奥様の執拗《しつよう》な言葉に私の状況を重ね合わせるようになりました。故人が私の体に乗り移り、私自身が責められているように思えました。

多額の借金を抱え、その返済に追われる生活は私も同じでした。しかも事件現場清掃はまだはじめたばかりでとても軌道に乗っているとはいえない状態でした。

いつまでたっても出口が見えてこない生活に私は苛立《いらだ》っていましたが、焦《あせ》ってもどうすることもできませんでした。この先、自分は家庭を持つことができるのだろうか。自分のような人間は、幸せな家庭はもうあきらめた方がいいのではないか。これから、好きな女性に出会えたとしても、私には幸せにすることなんてできない……。

風呂場で練炭自殺を図った男性がどんな仕事をしていたのかはわかりません。立ち上げた仕事が上手くいかず、生活に追われるなか、彼は奥様から責められ続けていたのかもしれません。

「これからどうするの！　どうするつもりなの！」

今、私の目の前に立っている奥様の顔は、夜叉の顔です。彼女はその顔を生前のご主人にも向け、今の私と同じような気持ちにさせていたのではないでしょうか。

殺人現場の清掃

事件現場清掃の現場には、殺人現場もあります。

都内某所で母親殺しがあり、現場の一軒家を大勢の野次馬が囲んでいました。

私は警察が張り巡らしたテープを潜《くぐ》り、現場に足を運びました。

亡くなったのは、開業医の奥さんで、深夜、自室のベッドで休んでいるところをナイフで胸を一突きされ、失血死で亡くなりました。

加害者は無職で二三歳の長男でした。

母親による、長男の生活態度に対する執拗な非難が動機とされました。長男は学校にも行かず、親が勧める受験もせず、毎日家の中で過ごしていたそうです。

母親としては、期待をかけて育ててきたのに、まったくこたえようとしない息子に苛立っていたのでしょう。息子の顔を見る度《たび》に小言をいっていたといいます。

事件当夜も母親と顔を合わせ、きつい口調で小言をいわれ、寝静まるのを待ってから犯行に及んだそうです。

父親はたまたまリビングのソファで寝ており、息子の行動には気づかなかったといいます。朝になって寝室をのぞき、血まみれになって横たわっている妻を発見したそうです。

父親は、息子の部屋に行き、机の前にうずくまっていた息子の体を揺すって問い掛けました。息子は無言でベッドに身をかわし、自分の首を掻《か》き切ったそうです。

私の仕事は、母親の現場と息子が自殺を図った部屋の血しぶきを清掃することでした。

血糊は部屋の中だけでなく、廊下や廊下の壁にまで飛び散っていました。

まずは血液をたっぷり吸い込んでいる蒲団を撤去し、ベッドを運び出しました。

空になった部屋を掃除してから飛び散った血液を拭き取っていきました。

新しい現場なので、作業としては単純な部類に入りますが、唯一、壁に使われている素材が漆喰《しっくい》で完全に血液を除去するには削り取る必要がありました。

亡くなった母親の検死の後、ご遺体がご自宅に戻ってくることになっていました。それまでに清掃を終えなければならなかったのが今回の現場の特徴でした。

作業をしながら、少しだけ母親になじられていた息子さんに同情しました。

おそらく彼は、医師の息子として、医学部に入ることを期待されていたのではなかったでしょうか。私は親の押しつけが耐えられない子どもでしたので、息子さんの気持ちもわかるような気がしたのです。

首を切って自殺を図った息子さんは、救急車で運ばれていきましたが、私が現場を後にするときは、まだ重体だと伝えられました。

私の数少ない殺人現場清掃の体験でした。

第三章　特殊清掃という仕事

虫の知らせ

よく、人が死ぬと「虫の知らせ」があるといいます。

ある晩寝ていると、枕元に自分を可愛がってくれた親戚のおばさんが立っていて、じっとこちらを見ている。ハッとして目が覚めると電話が鳴り、出てみるとおばさんの家からで、たった今、おばさんが亡くなった。息を引き取る間際にお前の名前を呼んでいたので電話したのだと告げられる、というようなことが起こります。

確かに、孤独死や自殺があると、孤独死の場合はとくに、虫の知らせがあるのです。ただし、こちらの方は夢枕とは関係なく本物の虫が人の死を知らせてくれるのです。

孤独死があると、強烈なにおいがするので発見されるケースが多いのですが、においよりもはっきりと目に見えてわかるのが虫、とくにハエの存在です。

人が死ぬと二四～三六時間で腐敗がはじまりますが、腐敗ガスが体全体をふくらませるようになって腹が割れると、腐敗臭に誘われてどこからともなくハエが飛んできます。ハエにとって腐敗した屍肉は大好物ですからそれを食べ、同時に卵を産みつけていきます。すると卵は二四時間ほどで孵化《ふか》してウジ虫となり、やはり屍肉を食べながら成長していきます。

やがて、サナギから成虫になり、ハエはまた死体に卵を産みつける。孤独死でご遺体が発見されるまでに時間がかかると、ハエはこのサイクルを繰り返しながらどんどん増殖していくのです。

ハエはまた、光を求めて移動する習性があるので、窓や戸の隙間、あるいはドアにある郵便受けなどに飛んでいき、外に出ようとします。

そしてある日、新聞配達人が来ていつものように新聞をドアのポケットに差し入れようとすると、ハエがあふれ出すように飛び出てくる。

「うわっ、これはまずいぞ」

動揺した新聞配達人から大家さんあるいは警察に通報が入り、はじめてそこが孤独死の現場だったことがわかるのです。

自分の貸した部屋で死人が出ると、大家さんはいろいろな意味で大変な思いをするものですが、たいがいの現場でご遺体を発見することになるのもまた大家さんなのです。悪臭と部屋中を飛び交うハエの中を入っていき、変わり果てた住人を見た大家さんは、一生その記憶を忘れないでしょう。そして、ハエを見る度、その記憶が頭をもたげ、身震いすることとなります。

つまり、これが事件現場の「虫の知らせ」なのです。

もちろん、発見するのは新聞配達人だけではありません。郵便局員や宅配便の配達員が最初に気づくこともありますし、天井からウジ虫が落ちてきて階下の住人が気づくこともあるのです。

「なんだか、この頃やけにハエが多いわね」

そんなことを思っていたら近所で孤独死が起きていた、ということが多いものなのです。

ハエのサナギの踏み心地

この仕事をしていると、現場では実にいろいろなものを踏みつけます。

たとえばゴミ屋敷のようになった孤独死の現場では、あらゆるものが床の上に山をなしており、壁が見えないほどになっています。ゴミの中には衣類や日用雑貨から食べかけの弁当、腐って原形をとどめていない野菜、ときには動物の死体まであ

遺体からあふれる体液は床を通り越し、階下にまで伝わる。
強烈な悪臭とともに階下でも虫が発生し、そのまま生活するのは難しい。

ります。

北九州のある町へ呼ばれていった現場は、お婆さんが一人で暮らしている二階屋でした。庭もある大きな家でしたが、暮らしているお婆さんはだいぶ前から認知症を発症していて身の回りのことが一切できないという状態でした。

典型的なゴミ屋敷で、その中にお婆さんとお婆さんが飼っている猫が暮らしていたのですが、ゴミで戸口や窓がふさがれてしまい、お婆さんも猫たちも自分で出入りできないありさまでした。

お婆さんの方は、あまりの状態に見かねた近所の人が役場に相談し、養護施設に強制的に収容されてしまいましたが、後に残された猫たちは家の中に閉じ込められたままになっていたのです。

私がこの現場に踏みこんだとき、すでに猫は餓死していたのでしょう。三匹ほどの猫の死体がゴミの中に埋もれていました。

こうした現場は人が亡くなったわけではないため、死臭が鼻を突くことはありません。そのかわり掃除を怠っているペットショップのような、アンモニアが混じったにおいが襲いかかってきます。

ゴミ屋敷なのだから汚いものを踏みつけないようにしようとすること自体、無理なのですが、それでも猫の死骸だけはよけて歩きました。

洞窟探検のように、ようやく部屋の中心部まで到達すると、そこにはもう何年もあげられたことがないような蒲団が敷いてあります。靴を履いたまま蒲団を踏むという行為は、普通の人なら経験することはありませんが、私にはしょっちゅうです。長い間に湿気や汗や脂をたっぷり吸い込んだ蒲団は、ぬるりとして、靴が滑り込んで吸い込まれていくような、何ともいえない気持ちの悪い感触です。

このゴミ屋敷には、お婆さんが壁に投げつけたらしい糞便の跡もあり、私は蒲団の近くに落ちていたものをうっかり踏んづけてしまいました。

しかし、気持ち悪い蒲団も糞便も、これを踏むよりはマシだと思うものがあるのです。

ハエのサナギです。

事件現場にハエはつきものです。ハエがいればウジ虫も涌いて出ます。ウジ虫がハエになる過程でサナギになるのですが、この不気味な物体が現場にはうようよと転がっているのです。

現場では気合を入れてから堂々として前に進んでいきます。ハエもハサミ虫もウジ虫も、いちいち気にかけていては仕事になりません。それでも、ハエのサナギだけは別ものなのでよけて歩きます。

　靴で踏むと生ぬるいようなプチャッ、クシャッという感触が靴の裏から全身にゾクゾクと伝わって寒気がします。

　このカサカサしたような物体の、プチャッとかクシャッという感触が歩く度に何度も何度も繰り返し伝わってくると、あまりの気色の悪さに茫然自失になってしまうのです。

　ハエにもウジ虫にも慣れました。しかし、こいつらだけにはいつまでたっても慣れることができません。ウジ虫などは柔らかいので厚い底の靴を履いていると、踏みつけてもそれほど感触が伝わってくることはありません。

　ハエのサナギの踏み心地は私にとってはトラウマになってしまい、街中でも似たような感触のものを踏んでしまうと飛び上がり、悲鳴をあげたくなるほどなのです。

遺体に口づけしてはいけない

ここだけの話ですが、葬儀社の社員には原因不明の死を遂げるケースが少なくないと聞いたことがあります。まったく公にはならない話ですし、それを証明するようなデータがあるわけではありませんからここだけの話なのです。

しかし、私にはこの話がまんざらウソではないように思えてなりません。

というのも、私たちのような人の死に関わる仕事をしている者は、亡くなった方がどんな原因で亡くなったのか、知らされないことが多いからです。自殺や事故であれば、少なくとも直接の死因は首を吊ったことによる窒息だったり、転んだことで頭を強打したことなどと特定できます。

しかし、孤独死で死後長い時間が経過してから発見された場合は、その方がなぜ亡くなったのかを特定するのは困難です。私たちに対してはそういう場合、多くは「心不全で亡くなったようだ」「腎不全で」と説明されます。

確かに最終的には心不全を起こしたのでしょうが、実際には他の病気が原因で心不全や腎不全を起こしたことも十分に考えられます。

仮に、本当の死因が肝炎や結核、ＨＩＶ（エイズ）のような感染力のある病気だった場合、ご遺体やご遺体から流れ出た血液や体液に触れる私たちに、それらがまったく感染しないという保証はどこにもありません。

あるいは密室の中で長時間腐敗が進むことにより、想像を絶するほどの細菌やウイルスが存在している訳ですから、むしろ感染しない確率の方が低いと考えていいのです。

アメリカのアカデミー賞で外国語映画賞を受賞し、日本でも大ヒットを飛ばした『おくりびと』という作品のなかに、最期《さいご》の挨拶をするために、遺族が一人ずつ遺体に顔を寄せ、口づけする場面がありますが、映画を見ていた私は思わず、「危ねえなあ」と呟いてしまいました。

たとえ死因が感染性のある病気ではなかったとしても、ご遺体にはどんな菌が入り込んでいるかわかりません。ちょうどこの頃大きな問題になっていた新型インフルエンザの心配もあります。うっかり口づけなどして、得体の知れない病気にかかったりしたらどうするのでしょう。

私がそんな心配をしていると、やはり医療関係者の間でも「新型インフルエンザが大流行した場合には、感染した遺体の取り扱いに注意すべきだ」という声が上がっていました。

これを報じたニュースによると、感染症の専門家や感染防護具の関係者らは、遺体が新型インフルなどに感染している場合、遺体を拭く、遺体のひげを剃《そ》る、化粧をするなどの行為は感染リスクが高いと警鐘を鳴らしており、厚労省も納棺師や葬儀関係業者や遺体から排泄物が漏れないように処置する看護師、病理医や検視官らに大流行時の遺体の取り扱いに注意するよう呼びかけていた、ということでした。

私は仕事の依頼を受け、見積もりをするためにはじめて現場に行くときは、決してスタッフを同行させませんし、私自身も現場に入るときには必ず防毒マスクをするようにしています。どんな菌が漂っているかわからない現場に、スタッフを連れて行くのはあまりにリスクが大きいからです。

しかし、白状するとこの仕事をはじめた頃は、感染症のことなどまったく考えることもなく、安易に花粉予防のマスクなどを使っていました。

当然これではにおいも防げないし、現場に行った後は必ずといっていいほど下痢をしたものでした。

今では、提携している薬剤会社と共に感染症対策を整備し、支店への研修にも取り入れています。安全に、長くこの仕事を続けていくためには欠かせない対策です。

病原菌は目に見えないものだけに、細心の注意が必要なのです。

防毒マスクとゴーグルは必需品

現場では感染症が一番恐《こわ》いので、カートリッジ交換ができる防毒マスクとゴーグル、ゴム手袋は必需品です。目、鼻、口の粘膜や傷口から感染源が侵入してくるのです。

さらに、ご遺体から出た体液や血液が衣服につくと、これもまた、部屋の外への感染源になる恐れがあるので、ビニール製のカッパも欠かせません。カッパは全身を覆うタイプのものですが、手袋同様、すべて使い捨てです。一度現場で使ったものは、洗濯すると洗濯機ににおいが移ってしまうので洗えないのです。

業者の中には布製の作業着で仕事をしているところがあるようですが、私から見ればまたまた「危ねえなあ」です。感染症対策の重要性の認識が、この業界にはまだまだ不足しています。

この仕事は薬剤をまくだけでなく、床にひざまずいて汚れを取らなければなりません。場所によっては血液や体液が布地に染みこんでしまうでしょう。もしその体液なり血液なりに細菌がふくまれていれば、皮膚が炎症を起こしたりすることもありえます。

長時間放置されていた体液などには、思いがけないような細菌が発生し、増殖していることがあるからです。

何時間も作業をしていると、のどが渇いたりトイレに行きたくなることもあります。そんなときには身につけていた手袋とカッパを脱いでゴミ袋に入れて用を足し、作業をはじめるときには新しいものを身につけます。そうしなければ着脱するときに汚れや細菌が移る恐れがあるのです。

そのため、ゴム手袋もカッパも常に三〜四セットは持って行くようにしています。

カッパとゴム手袋の隙間をふさぐ粘着テープも忘れてはなりません。この仕事では床だけではなく天井も清掃する作業が多いので、流れ落ちたものが隙間から入りこまないようにしなければならないからです。

また、靴にはビニール製のカバーをかぶせて作業します。体液や血液が広がっている室内に入るときは、もちろんこのカバーをかぶせて作業しますが、室内から出るときには必ずはずさなければなりません。カバーについたものが、外のコンクリートなどについて染みこんでしまうと、においが取れなくなってしまうのです。このカバーも使い捨てで、一回の作業につき一〇枚から二〇枚使います。

汚れを取るときに使うのはスクレーパーという金属製のヘラで、塗装業でよく使われるものです。塗装では表面仕上げなどに使う道具ですが、特殊清掃の現場では床などにこびりついた血液や体液のかたまりをこそげ取るのに使います。

血液も体液も、あるいは消化液や脂なども混じり合った状態でかたまっています。ご遺体からあふれ出た体液は、小山のように盛り上がっていきます。それから時間がたつにつれて表面が乾き、黒く変色していきます。

これをスクレーパーで削り取るのです。カレーやマヨネーズが乾いたようなかたまりの表面を破ると、こもっていた強烈な臭気が発生し、目が痛くて涙が出てくるほどです。

この作業をするのはフローリングあるいはタイルの場合で、畳敷きの場合は汚れた畳ごと撤去します。つまり作業としては畳の部屋の方がずっと楽なのです。

また、これもフローリングの現場の話になりますが、体液のかたまりを削り取った後は、専用の特殊洗剤を使いながら、特別なスポンジで残った汚れを丁寧に取っていきます。

現場によっては皮膚や髪の毛が残っていることもありますが、こうしたものは多くの場合、手で取り去るしかありません。

特殊清掃は、基本的にすべて手作業で行っていくのです。

事件現場清掃の実際のお値段

どんな現場からの依頼も、まずは見積もりをしておおよその料金を決めることになります。

このとき、まず私が見る重要な点は亡くなったのが一人なのか、複数なのかという点です。一人であれば、体液などの汚れがどこまで達しているか。畳を通って床下まで流れ落ちている場合にはその程度によって解体費用が加算されます。

また、亡くなっているのが複数の場合には、同じ部屋で亡くなっているのか、それとも違う部屋で亡くなっているのかで料金が異なります。単純に、同じ部屋であれば汚れは一カ所になるわけですが、別の部屋で亡くなっていると汚れが二カ所になるので料金がかさみます。

もう一点は、床の平米数です。広ければ作業量に加え、消毒や洗浄に使う薬剤の量も多くなるので、その分が料金に加算されます。この場合は、畳かフローリングでも大きく見積もりが変わってきます。

死亡から発見まで日にちがたっているので汚れの程度がひどいとか、においがきつくなっているといった点で料金が大きく変わってくることはありません。基本は面積の問題です。

私の場合、ごく大雑把《おおざっぱ》ですが、以上の点を見て算出する金額は、六畳一間で平均二五万～三〇万円。これに遺品整理代が平均して二〇万～三〇万円ですから、あわせて六〇万円くらいとなります。

わが社専用の頼もしい除菌・消臭剤

特殊清掃の手順をご説明します。

まず、どんな現場でも最初にお清めをします。

この本の冒頭でも、現場に入るときに塩と酒と米を家中にまいていくと書きました。

はじめのうちは塩だけで、しかも気持ちとしては亡くなった方を慰めるためというよりも自分のためにやっていました。誰かのお通夜や葬式に行き、自宅に帰るとき、お清めの塩を自分に振りかけますが、同じ気持ちだったと思います。

けれども、仕事を重ねているうちに私の気持ちはだんだんと変わっていきました。やはり、死者が出た現場にはなんともいえない空気が漂っているのを感じるからです。それが霊なのかどうか私にはわかりません。

しかし、孤独死にしろ自殺にしろ、不本意な形で死を遂げてしまった人の遺していった思いが、そこにあるように思えるのです。

亡くなったという事実は一緒でも、外で自殺をした場合ならば最低限、部屋を片づけ、鍵をかけて出ていくでしょう。そういう部屋には特有の空気は残っていません。病院に入って亡くなる場合も、外出するのと同じように電気、ガスのスイッチを切り、戸締まりをして出て行きます。そのせいか、部屋には「思い」のようなものが残っていないようなのです。

ところが、部屋で亡くなった場合には、それまでの生活がプツンと突然切断されてしまったような形になるため、いろいろなものが残るようなのです。

それはたとえば洗濯物だったり、洗い残しの食器だったり、読みかけの雑誌だったりします。継続的な生活感のなかに、まったく理不尽な組み合わせとして死の痕跡がある。現場特有の空気は、そんなところから立ち上っているのかもしれません。

そこで、私は塩をまきながら、「いつまでもとどまっていても仕方がないですよ。早く新しい世界に旅立ってください」と亡くなった人に語りかけるようになりました。

その後、縁あってあるお寺の清掃を引き受けたとき、住職から霊の弔い方をうかがい、酒と米も加えてその場を清め、「お疲れ様でした」とねぎらいの気持ちを伝えることを教わり、実行するようになったのです。

しかし本当の意味でのお清めは、この後に行う消毒作業です。

ご遺体があった部屋にはどんな細菌やウイルスが繁殖し、部屋中に存在しているかわかりません。においの元は菌なのです。

まずはこれらを完全に死滅させてからでなければ作業ははじめられません。床はもちろんのこと、ご遺体を運び出すときに警官たちがいろいろなところに触れているので、壁もすべて丁寧に消毒します。

消毒剤については、特殊清掃をはじめた当初は次亜塩素酸ナトリウムという、いわゆるハイターのような塩素系の薬品と木酢液《もくさく》にハーブを配合したものを使っていました。

これだけでも一定の効果はありましたが、次亜塩素酸ナトリウムがトリハロメタンなどの発ガン性物質を副生成物として発生させてしまうこと、汚れなどの有機物と反応すると有効性が極端に低下するため持続性がないこと、刺激が強いために密閉空間での使用ができないこと、金属に対する腐食性があることなどが懸念されました。

それでもしばらくはこの薬品を使っていましたが、後にこの仕事を一生続けていこうと決意したとき、よりよい除菌・消臭剤を考えるようになりました。

除菌・消臭剤には、有効性と安全性が求められます。これまでさまざまな薬品を試しましたが、この両方を満たすものにはなかなか出会えませんでした。

試行錯誤の結果、二酸化塩素を成分とした除菌・消臭剤を開発しているバイオフェイスという会社に出会いました。ここの社長さんが私の理念に賛同してくれ、数々の現場に同行し、今では事件現場清掃会社専用の特殊薬剤を作り上げてくれています。

幽霊はいるのか？

「高江洲さん、幽霊を見たことはありますか？」

私のような仕事をしていると、よく聞かれます。

私は仕事をはじめるにあたり、記録のためにこれまでの現場のほとんどの写真を撮っているのですが、今までにそういったものが写っていたことは一度もありません。

幸か不幸か、私はまだ幽霊というものを見たこともありません。

自分では恐がりな人間だと思っているのですが、私の職場である事件現場と幽霊を結びつけて考えることはありません。

慣れてしまったのかもしれませんが、ご遺体の人型がくっきりと残っている部屋に入って一人で仕事をしていても、恐ろしいと思ったことがないのです。

はじめて事件現場にのぞむ人は事件現場独特の空気に圧倒されます。独特のにおいにしばらく悩まされ、夜な夜な眠れないこともあるようですが、やはり人間はどんな環境にも慣れてしまうようです。

私が出会ったスタッフたちはみな共通して恐怖感を持たなくなり、かわりにこの仕事にやりがいを持つようになります。元々恐がりの人はこの仕事を希望しないこともあるのでしょうが、やはりご遺族や大家さんの感謝の気持ちに接し、人の役に立てる喜びを実感するのです。

先日、私の仕事を取材したいと出版社の編集者とカメラマンが現場に同行しました。

私はいつも通りに仕事をしましたが、そのうち、離れて見学していた編集者とカメラマンがしきりに何かを気にしてヒソヒソと話をしているのが聞こえました。

何を話していたのか後で聞いてみると、彼らは玄関の呼び出しチャイムがときどき鳴るのを耳にして「なぜ？」と思っていたのです。

私たちスタッフはチャイムを気にせず、黙々と仕事を続けていました。

「もしかすると、このチャイムは高江洲さんたちには聞こえていない、自分たちだけに聞こえている死者の世界からの訪問なのかもしれない」

はじめての自殺現場に、彼らは怯《おび》えながらヒソヒソ話をしていたのだそうです。

そんなことだとは知らない私は思わず噴き出しました。

普段、住人のいない部屋はブレーカーが落ちているのですが、作業で電動ノコギリを使うときにはブレーカーを上げなければなりません。

電動ノコギリを使う度、我々は当然のごとく暗黙の了解でブレーカーを上げ下げします。ブレーカーを上げる度に電気の接触でドアチャイムが鳴るのはよくあることなのです。

その後、作業が一通り終わったのでみんなで食事をしようということになりました。

近くの鮨屋に入ったのですが、年を取った女将《おかみ》さんがお茶を運んでくると、人数分の五人より一つ多く運ばれてくる。

さらに、続いて運ばれた味噌汁も一つ多い。

ただの勘違いでしたが、その度に、自殺現場の緊張感が続いている二人は、「お女将さんにはもう一人見えている。やはり……」と青い顔をしているので、私は苦笑するしかありませんでした。

この本の単行本を担当した編集者も、私から事件現場の写真をメールで受け取るたびにパソコンがフリーズするといっていましたが、気のせいでしょう。そういうパソコンは私がメールしなくてもフリーズしています。私のパソコンがフリーズすることは一度もありませんでしたから。

死者の魂がこの世に残っているとしても、気安く鮨屋についていったり、パソコンにいたずらをしたりしないでしょう。死者にそんな自由があるならば、他にしたいことがたくさんあるはずです。

私をふくめて他人についていくよりも、好きだった人、会いたかった人、大切な人のところに行きたがる、と考えるのが普通なのではないでしょうか。

発生した虫の駆除

家の中を徹底的に殺菌消毒した後は、ハエなどの虫を駆除します。

ハエにも大小さまざまな種類がいて、それらが家中の隙間にまで入り込んでいるので、すべてを駆除するのはなかなかの大仕事です。

さらに、現場の部屋が畳敷きでご遺体発見まで長時間たっているような場合には、畳が腐ってその中からハサミ虫やダンゴ虫など、いろいろな虫が発生してきます。これらもすべて駆除しなければなりません。

ハエにしろその他の虫にしろ、大部分は腐敗が進んだご遺体から出ているので、それらが飛び回ったところや歩き回ったところは汚れが広がっていますし、においもつきます。さらにフンをすればそれもにおいの元になります。ゴキブリやネズミが発生すればまた違ったにおいが出ます。

床の上には虫の死骸がたくさんあるので、これを掃き取ったり、ときには掃除機で吸い取ります。

動き回っているものに対しては市販の殺虫剤を噴霧して殺します。殺虫剤は、害虫駆除専門業者が使う業務用のものもありますが、そうしたものは乳化剤といってベトベトした液体なので、部屋中に噴霧するとかえって後始末が大変です。

それよりは市販のゴキブリ用殺虫剤を使った方が、においも残らないし後の掃除も楽なのでちょうどいいのです。

もっとも汚れているのは、当然ご遺体があった周辺ですが、窓ガラスもひどく汚れているので念入りな掃除が必要です。明るいところに集まる習性があるハエが窓ガラスにびっしりとはりつき、汚れやフンをそこに残しているのです。窓ガラスにはりついたハエで孤独死や自殺が発見されることも多いのです。

リスクのあるオゾン脱臭機は使わない

特殊清掃業者には、除菌・消臭にオゾン脱臭機を利用しているところが多いようです。

オゾンとは強い酸化能力を持つ物質で、におい物質の分子を破壊したり有害な細菌を除去するのに有効な働きをします。

空気中にも微量ながら存在しており、私たちが蒲団を天日干しするのは、太陽光で湿気を蒸発させるとともに、紫外線やオゾンの力で雑菌を殺しているのです。

オゾン脱臭機とは、このオゾンを機械によって大量に発生させることで体液などを干からびさせ、においも除去してしまうものです。この装置を汚臭の発生源のある部屋に設置して閉め切っておけば、二週間ほどで除菌・消臭が完了します。まさに、特殊清掃業者にとっては「秘密兵器」といってもいい装置なのです。

しかし、私は基本的にこの装置を使いません。

オゾンは除菌・消臭をするけれど、場合によっては人体に非常に有害な作用を持っているからです。この装置を現場に設置しておけば、黙っていても除菌・消臭ができてしまいますが、装置が作動している間は人間が部屋に入ることはできません。

高濃度のオゾンは心肺機能や循環器系に悪影響をもたらし、最悪の場合、死亡してしまうこともあるほどです。

また、高濃度のオゾンはゴムやプラスチックを劣化させ、室内に使われているこれらの部材に影響し、修復作業が必要になることもあります。長期間の使用は周囲に住む人の健康への影響も心配されます。

二週間の間にご遺族と大家さんの間で問題がこじれて、訴訟問題に発展する可能性もないとはいえません。

確かに、オゾン脱臭機を使ってしまえば汚れたところは乾いているし、除菌もすんでいるわけですから、防毒マスクをつけたり全身カッパをまとわなくても作業ができるようになります。

けれども、私からすれば二週間も時間をかけるよりも、なるべく早く汚れをなくしてにおわないようにし、必要な部分はリフォームを施して、すぐにでも次の入居者が入れるような状態にしてしまった方がいいのではないかと思うのです。

オゾン脱臭機をリースして使うと、一日あたり二万五〇〇〇円。これが二週間ですから三五万円かかります。そのうえに清掃料金が三〇万円となると、私がいつも請求している金額の二倍以上ということになります。

さらにリフォームも必要、遺品整理もしなければならないとなると、全部でいくらかかることになるでしょう。大家さんが支払うにしてもご遺族が支払うにしても、あまりお金はかけたくないのが真情でしょう。

したがって、特殊清掃の技術を極めようとしている私としては、短期間・非破壊・低コストを追求するうえで、オゾン脱臭機を使わないのです。現在、二酸化塩素を使った短時間・低コストの空間除菌消臭剤を開発中です。

故人のプライバシーを守る工夫

現場から出たゴミ、そのほか虫や汚物などには、九〇リットルの大きなビニール袋を使います。ビニールはある程度伸縮性があるので破れにくいという長所があるのです。東京都などで一般に使われている炭酸カルシウム製のゴミ袋は、裂けやすいので使いません。

たとえば六畳一間のアパートの特殊清掃をするとします。リフォームまではせず、体液がついた蒲団や畳、その他衣類など汚れたもの全般を処理するとした場合、畳は別にしてビニール袋を四〜六枚使うことになります。

もっともかさばるのは蒲団で、袋に入れてから圧縮蒲団の要領で空気を抜いていき、かさを減らしますが、掛け蒲団と敷き蒲団一組でたいがい袋を二枚使うことになります。そのほかの衣類やゴミなどは、亡くなった方の生活ぶりによって量が違ってきますし、虫などの汚物の量も、発見されたときの状況によって変わってきます。

ゴミや汚物を入れたビニール袋はしっかりと口を閉じ、助手に手伝わせてもう一枚の色がついた袋に汚れがつかないようにして再度入れ、口を閉じます。

最初の袋はどうしても清掃作業をしながら汚れたものを詰めていくので、外側にも汚れがついてしまいます。そのままでは悪臭や細菌感染の元になる汚れがあちこちについてしまうので、もう一枚の袋に入れなおすのです。色がついた袋を使うのは、中身が見えないようにするためです。

これをさらに念を入れ、ガラ袋と呼ばれる建築現場で廃材を入れる袋に詰めて運び出します。

また、畳も色のついた大袋に入れて運び出します。これも汚れを外につけないようにするためと、中が見えないようにするためです。

孤独死にしろ自殺にしろ、人が亡くなったということはなんとなく近隣の人にも知られていくものです。そういうなかで特殊清掃をする場合には、なるべく目立たないようにするのが、大家さんのためにもなるし、故人の尊厳を守ることにもなるのです。

ときには作業中に「何かあったのですか？」とか「人が亡くなったそうですね」と声をかけられることもあります。

そんなときには、

車はどこに行っても目立ち、信号待ちをしていても道行く人に
事情を尋ねられることがある。
そのため、いつも現場から離れたところに駐車することになる。

「リフォーム中です」

と答えるようにしています。

また、ときには依頼者から極力目立たないようにしてほしいと頼まれることもあります。そんなときにはガラ袋を使わずにすべてを段ボール箱に入れ、まるで引っ越しをしているようにして外に運び出すこともあります。

特殊清掃をするには、プライバシーを守る工夫をすることも大切なのです。

こうして運び出したゴミや汚物は、契約しているゴミ処理業者に渡し、最終処理場に運ばれてすべて焼却されます。

私の車には大きく「事件現場清掃会社」とロゴが入っています。運転中も停車中もよく目立ち、道行く人が声をかけてきます。警察と間違われることもあります。

そのため、車はいつも現場から離れて停めるようにしています。どうしても目立ってご迷惑になってしまう場合には車にマグネットのシールを用意してあります。

私の車のボディと同じ白色無地のシールでこれを「事件」の部分に貼りつければ普通の「清掃会社」の車になるというわけです。

手間がかかる遺品整理

念入りに除菌消臭作業を行ってから汚れを取る、一連の作業に要する時間は、私と助手の二人で一部屋だいたい三〜四時間半というところです。

これを長いと見るか短いと見るかは、立場によって異なるでしょう。周囲の目を気にする大家さんなどからすれば、もっと早くしてもらいたいと思うでしょうし、身内を亡くされたご遺族であれば、時間がかかってもいいから丁寧に仕事をしてもらうのが供養にもなると考えるかもしれません。

ただし、これはあくまでも特殊清掃にかかる時間であって、遺品整理の場合は一つ一つの品物をあらためながら作業をしなければならないので、どうしても長い時間がかかります。また、遺品整理を行う場合にも念のためにすべての品物を消毒してから作業をはじめます。

注意するのは紙類で、株券や通帳など、お金に関わるものはまず間違いなくご遺族に渡るように別にします。もちろん、貴金属のような貴重品も間違いのないようにあつかいます。

その他は、写真や手紙など、故人の思い出に関わるもの。さらに衣類や装身具など、形見になるものですが、故人と遺族の関係が希薄なほど、不要品として処理してほしいと頼まれることが多くなります。

それでも全体を通してみれば、お金として残るような遺品は少なく、八〇％以上は遺族によって財産放棄されるのが現実です。

神社でお祓いを受ける訳

二〇〇三年から事件現場におもむき、特殊清掃をはじめるようになって今年で十年目に入りました。

これまで私が立ち会ってきた現場はおよそ一五〇〇件にのぼります。孤独死、自殺、事故死、殺人現場など、死因はそれぞれ違いますが、後に残された遺族の悲しみや怒り、大家さんの切実な思いなどは、みな同じ重みをもって私の胸に迫ってきます。

ときにはその死を取り巻く状況を自分にあてはめてみることもあります。

いくら仕事と割り切っているつもりでも、凄惨な現場を目の前にして、なぜこんなふうに死ななければならなかったのだろうと声を上げ、ときにはとめどなく涙が流れてくることがあります。

やはりこの仕事は、肉体的にきついだけでなく、精神的にもかなり過酷です。

肉体的な疲れは休息を取ることで回復できますが、精神的に参ってしまったときは自分の中にたまっているストレスをなんとか処理しなければ、明日の仕事にのぞむことができなくなります。

こんなとき、信仰を持っている人は強いのかもしれませんが、私はこれまで宗教と関わることはほとんどありませんでした。

ところがある日、一人の神主さんが私を訪ねてくれました。

テレビで放送された私の仕事の様子を見て関心を持ち、ネットで調べて事件現場清掃会社のホームページを読んでくれたそうです。そして、「困ったことがあったら、いつでもいらしてください。お力になりますから」といい残して帰っていかれたのです。

正直なところ、はじめは面食らった思いでした。しかし、よくよく考えてみれば神主さんが自ら訪ねてきてくれるなんてありがたいことです。それに、この仕事をしていると、しばしば大家さんから「お祓いをしてほしい」と相談されることが多いのです。

私はご縁を感じ後日、神社を訪ね、境内に入っていきました。そのときも、たて続けに凄惨な現場を体験し、亡くなった人への思いをどうしていいかわからず、くじけそうになっていたのです。

神主さんは私を快く社殿に迎えてくれ、さっそくお祓いをしてくれました。

神様に向かって頭を下げ、柏手を打って感謝の気持ちを伝えると、神主さんがいってくれました。

「高江洲さんのことを待ってらっしゃる方が、たくさんいると思います。本当に大変なお仕事だと思いますが、神様がついていて、いつも高江洲さんのことを守り、浄化してくださると思います。ですから、体に気をつけて、待っている方のためにも、また明日から仕事に励んでください」

この言葉を聞いたとき、私の胸をふさいでいた思いがサッと晴れ、気持ちが軽くなるのを感じました。

その後、一時間ほど仕事であったことなどを聞いてもらい、私は神社を後にしました。

それ以来、この神社には二カ月に一度くらいの割合で足を運び、お祓いを受けては神主さんと語らうようになりました。キリスト教でいえば懺悔《ざんげ》をしに行くという感覚に近いでしょうか。

もちろん、お祓いをしてほしいというお客様にも紹介をしています。けれども、私と神主さんとの間には何の金銭的な契約があるわけではありません。

ただ、神主さんや神様に気持ちのうえでつながっていられると思えることが、私の心の支えになり、この仕事を続けていくことができるのです。

第四章　天職

料理人から掃除屋に

ここまで本書をお読みいただいた方は、おそらく疑問を持っているのではないかと思います。

「高江洲、お前がこの仕事に一生懸命なのはわかった。しかし、なぜ『事件現場清掃』でなければならないのだ？」

確かにそうです。

世の中には実にいろいろな仕事があります。まったく手を汚さずに大金を動かすデイトレーダーのような仕事をする人もいれば、爪の中まで真っ黒にして油まみれになって働いている町工場の職人さんもいます。

どちらが上で、どちらが下、ということはありません。しかし、世の中ではできるだけ手を汚さず、簡単に、たくさんカネが儲かる仕事につくのが最高だと考えている人間が一番多いというのも、事実でしょう。

それなのになぜ、誰も近づきたがらない、見ようとも思わない事件現場に行って、亡くなった人の体液や糞尿にまみれなければならない仕事をわざわざ選ぶのか。

それが、理解できない。確かに、その通りかもしれません。

私だって本音をいえば、昔からお金持ちになりたいと思っていました。私は、子どもの頃から「大きくなったら社長になる。社長になってお金持ちになりたい」と思い続けてきました。それが私の夢でした。

沖縄で私の父は、夏にはアイスクリームを売り、冬の沖縄の閑散期には大工をして生計を立てていました。母は、私たち子どもの面倒を見ながら内職で機《はた》を織ったり琉球人形をつくったりして生活を助けていました。決して裕福な家ではなかったので、金持ちになるにはどうしたらいいのか、社長になるには何をすればいいのかなどと考えることが多い子どもだったのです。

中学校に通う頃になると、自分で稼いでいくには手に職をつけた方がいいと考えるようになりました。そして、たまたま友人の一人がいった、「一緒に料理人にならないか」という誘いに乗って、工業高校の調理科に入学しました。

それからは、中華料理の作り方を学びながら、いつか一人前の料理人になって自分の店を出すことを夢に持つようになりました。

私が恵まれていたのは、この高校時代に全日空の万座ホテルの総料理長をしていた先生に可愛がられたことで、

「お前が本土に行くことがあったら、俺の所に来るといい。仕事の世話をしてあげるから」

といってもらえました。

先生のありがたい言葉は決して嘘ではなく、高校を卒業して一年地元で働いた後に上京し、先生のもとを訪ねると、ホテルパシフィック東京を紹介してくれたのです。

何の実績もない私がいきなりホテルパシフィック東京の中華料理部門に入るというのは幸運以外のなにものでもありませんでした。

料理人の世界は職人の世界と同じですから、はじめのうちは下働きばかりで給料もわずかなものでした。

これではいつになったら一人前になり、独立して自分の店が持てるのか。先のことはまったく見えませんでした。

しかし「社長になって金持ちになる」という夢を忘れられなかった私は、ホテルで下働きをしながら将来のためにヒマを見ては簿記の勉強をするなど、準備だけは続けていました。傍《はた》から見れば妙なやつだと思われていたかもしれませんが、誰にどう思われようと、私には夢を夢で終わらせる気は毛頭なかったのです。

大きな目標のために着々と準備は進めている。しかし、今の給料ではいつまでたっても店を出せるほどの資金はできそうもありません。

そこで私は、しかたなく休日にアルバイトをすることにしました。

そうしてはじめたのが、ハウスクリーニング業だったのです。

私と掃除屋稼業との出会いでした。

掃除屋として念願の社長になる

私は料理をするのが好きでした。

入社当時はこっぴどく怒られることばかりでしたが、必死で努力した結果、先輩に認められるようになり、仕事が楽しくて仕方ありませんでした。

ところが、アルバイトではじめたハウスクリーニングの仕事も、しばらく続けているうちに、だんだんと面白くなっていったのです。

もちろん、ハウスクリーニングにもノウハウがあり、それは一朝一夕で身につけられるものでないことはわかっています。しかし、仕事を覚えていくうちに私の独立志向が刺激されていったのです。

仕事に向かう掃除屋の車の荷台を見ると、道具一式がそろっているのですが、それらの値段を調べていくと、一〇〇万円もあればそろえられることがわかりました。

このとき私は二四歳。ホテルに入って料理人としての修業をはじめて五年が過ぎていました。

私は真剣に考えました。

このまま料理人の道を進んだとしても、腕を磨いて自分の店を出せる頃には四〇代も半ばになってしまうだろう。おまけに自分の理想の店を出すには、少なく見積もっても三〇〇〇万円は必要になる。その頃には結婚しているかもしれないし、女房子どもを養いながら、はたしてそれは可能だろうか？

同じ職場で働いていた先輩たちも、いずれは独立して自分の店を持つという夢を持っていましたが、実際にその夢を叶えられるのは何人もいないという現実を私はいやというほど見ていました。

それに比べてハウスクリーニングは、それほど元手はかからないうえ、仕事場は現場なのだから大きな店舗をかまえる必要もありません。車に道具一式を載せて、どこへでも行けます。

問題は、掃除業界の仕事はどれも単価が低く利ざやが小さいことでしたが、リフォームや内装の技術を身につければ、ある程度の商売に発展させることができそうです。

ハウスクリーニングの仕事なら、すぐにでも独立できそうでした。しかも必死に頑張れば、事業所という形で店舗を持ち、社長になることも不可能ではなさそうでした。

金持ちになれるかどうかは別としても、とにかく子どもの頃からの夢だった社長になることができる、と私は考えました。

こうなればもう、選択は一つしかありません。

一九九五年、私はそれまでの料理人の道を中断し、ハウスクリーニング業で社長になる道を選びました。

とはいっても、いきなりハウスクリーニング一本だけで食べていくことはできません。しばらくの間、昼は清掃業、夜は居酒屋でアルバイトをしてなんとかしのぐ、という生活が続きました。

放蕩三昧の日々

ずっと目標にしていた社長になったのは、一九九六年八月、二五歳のときでした。ハウスクリーニングと店舗清掃を業務とする「そうじ屋本舗」を開業しました。

とはいっても、最初の月の売り上げは一万八〇〇〇円でした。翌月は三万四〇〇〇円。名ばかりの社長でした。

けれども、そのうちになかなか慣れることができなかった営業も板につくようになり、がむしゃらに仕事にのめりこんでいきました。半年後にはなんとか会社らしい売り上げを出せるようになり、それ以降は仕事依頼が右肩上がりになっていき、売り上げもそれに比例して伸びていきました。

こうなると仕事が面白くないわけはありません。社員を増やし、借金をしてまで設備投資をし、次から次に仕事を引き受けていきました。

二〇〇一年には、そうじ屋本舗を法人化しました。

今から思えば、私は得意の絶頂にありました。

なにしろ、幼い頃からの夢だった社長になり、月の売り上げは六〇〇〇万円もある。

会社としてはまだまだ小さいけれど、そこが自分自身で築き上げた城であることは間違いなく、その証拠に私のポケットにはいつも大金が入っていました。

当然のように毎晩飲み歩き、遊びたいだけ遊んで過ごしました。社長の特権、と驕《おご》っていた自分がいたのかもしれません。

夢を叶えた人間は、夢を持たなくなってしまうのでしょうか？　私は目論見《もくろみ》どおりに十分な収入を得ることができ、それきり夢を持つことを忘れました。

自分を見失っていた私でしたが、従業員が夢のない経営者に魅力を感じることはなかったでしょう。彼らは遊びほうけている自分たちの社長を冷ややかに見ていたのです。

そして悪いことに、私一人がそれに気づかずにいたのです。

社内クーデター

「社長、あなたは経営者として失格です」

二〇〇二年のある日、私は社員たちに囲まれて、冷たい視線のなか、突然こんな宣言を受けました。

彼らはここ数カ月の業績や債務残高などを示すデータを手にして、このままでは会社が危ない、社長としてこれからどうするつもりなのかと説明を求めてきました。

確かに、彼らが心配するのももっともなことでした。右肩上がりだった業績も、落ちこみが目立つようになり、借金の額もかさんでいました。

会社がそんな状況なのに、肝心の社長はほとんど危機感を持たず、相変わらず遊びほうけていたのです。私は自分の夢を食いつくし、目先のお金に目がくらんで遊び歩き、社員に詰め寄られても何一つ新しい夢を語ることができませんでした。

彼らはそんなだらしない社長をずいぶん前から見限っていたようです。

すでに社員たちは得意先である大手不動産会社に根回しをしてから、私一人を残して総辞職することを決めていたのです。

ぐうの音も出ませんでした。彼らはこの後、すぐに別会社を設立し、これまでの顧客を引き継いで業務を続けていく決心でした。

私も腹を括《くく》りました。そうじ屋本舗はこの年の末日をもって全員解雇という形をとり、もう一度、ゼロからやり直すことに決めました。

お先は真っ暗でした。

事件現場清掃との出会い

精一杯かっこうをつけたつもりで、最後に男らしく会社を解散したのですが、正直かなりへこみました。

二〇〇三年から、私は一人でハウスクリーニングの仕事をやっていくことになりましたが、月の売り上げは二〇万円ほどにしかなりませんでした。その一方で、解散した会社でつくった借金返済が月一四〇万円もありました。

それでも自己破産せずにすんだのは、奇跡的でした。

私は初心にもどり、わずかに残った仕事のツテと新規営業で、またがむしゃらに仕事をするようになりました。

そんな私を応援してくれる方がいました。葬儀業界に関係する業者の社長さんでしたが、彼からある日、相談がある、と持ちかけられました。

「実はね、ちょっと変わった現場が何件かあるんだけど、やってみないかい？」

その会社で、担当できる人がなかなか見つからない仕事のようで、その、「ちょっと変わった現場」が、事件現場だったのです。孤独死や自殺があった部屋で、ご遺体を運び出した後に残った汚れを取る、という仕事との出会いだったのです。

「いや、大したことはないいんだよ。もう汚れた畳なんかは撤去してある現場だからね。ただ、ちょっと……においがね」

不安気に聞く私の様子をうかがいながら、口ごもるようにして彼は説明しました。

正直なところ、仕事はほしかったのですが、私は乗り気ではありませんでした。見も知らぬ他人が死んだ場所に行って、ご遺体が残していった汚れに触れると考えただけで嫌悪感を抱いていました。何よりも「恐い……」と思いました。

けれども同時に、私に元から備わっているアイディア魂のようなものがむくっと顔を出すのも感じていたのです。

（人が亡くなった部屋を片づけるという仕事は葬儀社もあつかっておらず、ビジネスの市場としては需要が高いのではないか。私がやりたくないのだから、他の業者だってやりたくないはずだ。これはもしかすると、まだみんなが目を向けていないビジネスチャンスかもしれないぞ）

今回の現場も、どうやら引き受け手がいなくて困っている様子です。労働的にはそれほど大変でもなさそうですし、彼を助ける意味でもまずはやってみることにしました。

「ああ、お願いできますか？　とにかく簡単に、消毒だけしてくれればけっこうなんで」

彼は嬉しそうに私の手を取り、現場の説明を続けました。

亡くなったのは六〇代の男性で、死後二週間たって発見されたということでした。一人暮らしで、息子家族は海外で暮らしているといいます。

はじめての事件現場清掃でした。

現場に近づいてまず感じたのは、においのきつさでした。いわゆる死臭というものが、こんなにきついものだとは知りませんでした。

このにおいをなんと形容したらいいのでしょう。

肉が腐ったのとも、魚が腐ったのとも違う、独特のにおい。

犬や猫のものとも違います。

一言でいえばきつい口臭にも似た、脳に焼きつくような不快臭です。

今思い出せば、そのときのにおいなど耐えられる部類に入るのですが、なにしろはじめて嗅ぐ死臭です。現場となった部屋に入り、現場に近づくほどに増してくる強烈な死臭に、失礼ながら気分が悪くなり、吐き気を覚えずにいられませんでした。

現場は社長がいっていた通り、すでに遺品が整理され、畳もない状態でした。ただ、周囲を見回すと、亡くなった男性が倒れるときに頭を強く柱にぶつけたらしく、壁にかなりの血痕と毛髪が残っていました。

私はなるべく血痕を見ないようにして、用意していった消毒剤をスプレーで吹きつけていきました。部屋の隅々まで薬剤を吹きつけ、消毒は完了しました。要した時間は一五分ほどでした。

私は一刻も早くこの現場から逃れたい思いで、においの確認もせずにそそくさと部屋を後にしました。

今から思えば、何とも情けなくなるような仕事ぶりですが、これが後に天職になるとは思ってもいませんでした。

屈辱の雑巾がけ

はじめての事件現場から一カ月後、社長からまた依頼がやってきました。

今度は自殺の現場でした。マンションの一室で、死後二カ月たって発見され、死因は服毒自殺でした。

「いやあ、今度の現場は遺品の撤去をしていないから、ちょっと生々しいかもしれないけれど、作業は同じでいいから頑張ってみてよ。消毒だけでいいから」

葬儀社の方が現場に立ち会ったのですが、彼の説明によると、この部屋に住んでいた男性はＩＴ関係の個人事業者だったそうです。自殺をした原因は離婚で、奥さんが家を出て行った直後に命を絶ったらしいということでした。

机の上のパソコンの周りは書類だらけで、書棚には理学系の本がずらりと並び、ご遺体があった部屋は仕事場のようでした。

たった一人で朝から夜遅くまでパソコンの前に座り、コツコツと仕事をしていた男性にとって、奥さんはただ一人の話し相手だったのかもしれません。

二人の間にどんないさかいがあったのか知るよしもありませんが、奥さんに出て行かれた男性は、たった一人になってしまった人生に行き詰まりを感じて自らの命を絶ったようでした。

そんな事情を深く考えている余裕もないまま、私は前回と同じように、一通りの消毒作業を完了させました。

　ひどいにおいに耐えられずに部屋を出て行こうとすると、葬儀社の方が私を呼び止めました。

「おい、そこの汚れ、拭いてよ」

　当然のようにいいました。

「いや、それはできませんよ。私が引き受けたのは消毒だけですから」

「何いってんの？　ご遺族がきれいにしてほしいといってるんだから、ちゃんとやってよ」

　あらかじめ聞いていた話と違うと主張しても、汚れを取れ、せめて拭き掃除くらいはしていけの一点張りです。

「掃除屋だろ？　仕事じゃないかよ？」

　ムッとしましたが、その通りです。お金をいただくプロだから私はやらなければならない、と思い直しました。

　会社を失い、収入が激減し、借金だけが残った私にとって、この現場も大切な仕事なのでした。

「話が違う」といい続けることはできますが、私はプロなのです。この仕事で食べていかなければならないのです。自分で選んだこの仕事を失うことはできません。

この現場の日当は三万円でした。私は三万円のためにプロの仕事をはじめました。

まだ特殊清掃のノウハウもない、花粉予防の紙マスクのみの私は、雑巾で汚れを拭き取りはじめました。

床に転がっている無数の虫の死骸には現場にあった掃除機を使いました。

男性はパソコンに向かう肘掛け椅子の上で、座ったまま亡くなっていました。そのため体液や血液、それに糞尿までもが椅子のスポンジに染みこみ、そこからあふれ出したものが流れ落ち、床に大きなかたまりをつくっていました。

そのかたまりから、無数のウジ虫が這い出していった跡が放射状に広がり、四方に向かって広がっていました。

部屋中を飛びまわっていたハエは、そのウジ虫が成長したものにほかなりません。

ウジ虫の跡を端から丁寧に拭き取っていき、赤黒くかたまった汚れを雑巾でこそげ落とすように拭いていきました。

赤黒いそのかたまりは、一見乾いているけれども、雑巾が表面を崩すと中からドロリとした液体がねじられるようにして出てきて、さらに強烈なにおいを放ちました。

私は、喉の奥からこみ上げてくるものをグッと抑えながら、バケツで雑巾をゆすぎ、トイレに流すという作業を繰り返しました。

私はこみ上げてくる吐き気をどうにも我慢することができず、思わずキッチンに行って吐いてしまいました。

（なんで俺は……こんなことをしてるんだろう？）

悔しくて悔しくて涙があふれ出ました。

食べていくにはここまでしなくてはならないのか。自分がみじめで情けなく、葬儀社の方に監視されるようにしながら、（こんな姿は誰にも見られたくない）と心底思いました。料理人として夢を持っていた自分に戻りたい、と思いました。

引き受けた仕事を最後までやるのがプロです。その思いだけで仕事をこなしました。

今思い出しても恥ずかしく、悔しい思いをした現場でした。

息子の後始末をするお母さん

その後も事件現場清掃は月に一度くらいありました。

嫌悪感を持っていたうえに、情けない思いまでしたこの仕事をそれでも続けたのは、やはりお金を稼がなければならなかったからです。

昼間に一般のハウスクリーニングやリフォームをやっている私にとって、事件現場清掃は夜に空いた時間でもやることができる比較的融通の利く仕事だったのです。

私にできることは消毒をすることと汚れを取ることでした。汚れが少ない現場ならば、一時間でできてしまうこともありました。

しかし、においだけは別です。あの強烈な悪臭をどうやったら取れるのか、まったくわかりませんでした。だから、事件現場清掃の仕事を引き受けるときは必ず、「汚れを取って、消毒をすることはできます。虫の始末もいたします。でも、においだけは消せません」と事前に正直に断りを入れていました。

私の気持ちを一八〇度変える仕事が舞い込んだのは、ある夏の日のことでした。

いつもの社長から電話が入り、「例の仕事があるんだけど、明日の朝一〇時に現場に行ってもらえる？」という依頼でした。

現場は二階建てのアパートでした。階段を上がった二階の、一番手前の角部屋が現場でした。

すでに片づけの作業がはじまっているらしく、窓が開け放たれ、人の体液が染みこんだ汚れた蒲団がその窓にかけられていて、すぐに現場がわかりました。

荷物を運び出す作業が続いているなか、玄関の前に初老の女性がうつろな目をしてへたりこんでいました。故人のお母さんのようで、古びたジーンズが膝の部分を中心にして茶色く汚れていました。

手には、やはり茶色く汚れた軍手をはめていて、私には一目で彼女が遺体跡の汚れを掃除していたのだということがわかりました。

死臭がプンプンとにおう汚れを体中につけたまま、お母さんは荷物を運び出す業者に何度も何度も頭を下げ、「どうもすみませんでした、どうもすみませんでした」といい続けていました。

部屋に入ると、大きな家具などはあらかた運び出され、残りの遺品やゴミなどを三、四人の業者が袋に詰めているところでした。

私の仕事は、汚れを取り、消毒をすることで、それ以外の作業をするつもりはありませんでした。

しかし、フローリングに影法師のようにくっきり残っている人型を見て「あっ」と声が出ました。

その人型はご遺体から出た脂が蒲団を通して床に染みこんだもので、本来ならば血液や体液などのドロリとした物質が残っているはずなのです。しかし、そうした汚れは玄関にいたお母さんが、すべて拭き取っていたのです。

ご遺体はとうに運び出されていましたが、彼女にとっては床に残った体液も汚物も、自分の子どもの体の一部です。

お母さんはどんな気持ちで最愛の息子の後始末をしていったのでしょうか。この悪臭を悪臭とも思わずに掃除していったのでしょう。

私も自分の母親を思い出し、切なくなり、私もお母さんの後に、あらかた汚れが拭き取ってあるフローリングをさらに念入りに拭き、丁寧に消毒し、湧き出しているウジ虫や飛び回っているハエを処理していきました。

私の仕事は終わりましたが、荷物を運び出していた業者が、荷物のおいてあった跡をもう一度消毒してほしいというので、再度薬をまきました。

業者は引き上げ、気がつけば、部屋には私とお母さんだけでした。

大家さんの怒号

私とお母さんが話をしていると、アパートの大家さんがやってきました。

すぐに顔を真っ赤にして、怒鳴りはじめました。

「においが下の部屋までするんだよ！　どうすんだよ！　リフォームして入居者も決まってたのに、お前のせがれのせいで契約も解除になっちまったじゃねえかよ！　気味が悪いって隣の部屋も出てっちゃったじゃないか、どう責任取ってくれんだよ！」

お母さんは何もいえないままに何度も何度も頭を下げていました。

私は、激高している大家さんをなだめるために、自分は消毒だけじゃなくリフォームもできるので現状を見せてくれるようにお願いしました。

階下の部屋に行ってみると、なるほどご遺体から流れ出た体液が上の床板の隙間から天井材を通り、天井板からも染み出してクロスまで汚しているのがわかりました。においも相当なものです。

死後どれくらいでご遺体が発見されたのかはわかりませんが、この汚れ具合から見ると、相当の体液が流れ出たことは確かです。

「ここまでいくと、ただの消毒ではにおいが取れません」

　私は事実を伝えることしかできませんでした。今の私なら、完全に除菌・消臭できる薬剤を持っているので、部分的な工事でにおいを消すことができます。

　しかし、このときはまだにおいを完全に消すなんて無理だと思っていました。

「においを完全に消すには汚れのついた部屋全体を解体して、もう一度リフォームするしかないようです」

　そういうしかありませんでした。

　ようやく落ち着きを取り戻した大家さんは「やっぱりダメか……」と残念そうに呟いてその場を立ち去っていきました。

　おそらく、リフォームの工事代は私の隣に茫然《ぼうぜん》と立ちつくしている優しそうなお母さんが払うことになるのでしょう。

（気の毒だけど、仕方ないのかな）

　そう思いながら片づけをして現場を後にしようとすると、お母さんに呼び止められ頭を深く下げてお礼をいわれました。そして、

「今日はすっかりお世話になってしまいました。ありがとうございました。よろしかったらお食事でもいかがですか？」

と誘っていただきました。

ご遺族との食事

食事に誘ってくれたのはありがたいのですが、お母さんも私もさっきまで現場で、ご遺体から出た悪臭を放つ体液を拭き取っていたのです。そんな二人が食事に出掛けたらレストランにとっては大迷惑です。

「ありがとうございます。でも二人ともこんなかっこうですから。今日はここで失礼させていただきます」

けれども、お母さんには抑えきれない思いがたまって話し相手が必要なようでした。

私の腕をつかんで「大丈夫ですよ、かまわないでしょ？」といって放してくれそうもありません。

話すことによって気持ちが落ち着くならば、そう思って食事につきあうことにしました。

するとお母さんはご主人も呼び出し、簡単な着替えをしてから私たちは三人で食事をすることになりました。レストランでは思ったよりも迷惑をかけないですんだようでした。

二人は亡くなった自分の息子さんのことを話し続けました。

彼らの息子さんの葬儀は、その日のうちに行われ、そのまま火葬されることになっていました。けれども、両親はその準備をはじめる前に汚してしまった部屋をきれいにするように大家さんに怒られて、朝から掃除をしていたのでした。二人にとっては掃除は供養だったに違いありません。

「あの馬鹿野郎は、こんな死に方しやがって」

お父さんは、しきりに息子さんを罵倒する言葉を口にしていましたが、息子さんを喪《うしな》った無念の言葉だったのだと思います。

三〇代だった息子さんは外国の女性と一緒に暮らしていたそうです。正式な結婚はしておらず、内縁関係だったそうです。実家からそれほど離れていないところに部屋を借り、親の援助を受けながら暮らしていたそうです。

ところが何日か前に、女性が目覚めると、隣に寝ていた男性が突然死していたのです。外国人の彼女はパニックを起こしてしまいました。

というのも彼女はオーバーステイで、誰かを呼んで不法滞在が警察に発覚することを恐れたのです。遺体をそのままにして行方をくらましてしまったのでした。

これらはすべて遺体発見後に明らかになったことです。ご両親が息子さんのご遺体に対面したときは、すでに相当な腐敗が進んでいたといいます。

変わり果てた息子さんのご遺体を見て、ショックを受けない親はいないでしょう。嘆き悲しまない親もいないでしょう。

私の目の前にいる二人は静かに悲しむことさえ許されませんでした。お父さんは息子さんを罵倒することで気持ちを落ち着かせ、お母さんは大家さんに怒鳴られながら息子の残した体液を雑巾がけして悲しみに耐えていたのです。

ご両親は私に息子さんの思い出を話しながら、落ち着きを取り戻していったようでした。

二人とも、息子さん思いの優しい方でした。

私には、このご両親にもっと何かしてあげられることがあるのではないか、と思えました。同時に、今のままでは何もしてあげることができないのだ、と自分の力不足を実感しました。

妹の死

この日はじめてお会いした故人のご両親を見ていて、私の脳裏に自分の両親の姿が何度も浮かびました。

私は弟と妹の三人兄妹でした。

弟は私より二歳下で、妹が五歳下でした。男二人は元気がよく、とくに私は小学生の頃から中学生とケンカをするほどのやんちゃであり、両親を煙たがって外にばかり出ているような子どもでした。

とくに父親とはお互いに口を利かないほどの険悪な仲で、ある意味、手がつけられない息子でした。

私はしつけのために父にひっぱたかれるのが嫌で嫌で耐えられませんでした。

弟は勉強がよくできて、大学を出た後、ＩＴ系の会社を経営しています。

妹は生まれつき体が弱く、体が小さく、三歳のときに心臓の大手術を受けました。

以来、外で走り回るなど激しい運動はできず、いつもチアノーゼで唇と爪を紫色にしていました。私と正反対な、頭のいい、おとなしくてかわいらしい妹でした。

そんな体の弱い妹を、両親はどれほど心配し、かわいがったことでしょう。

妹が八歳のとき、具合が悪くなって入院し、また手術を受けなければならなくなりました。

命にかかわる大手術で、医師から説明を受けた両親は手術を受けるべきか、悩みに悩んだといいます。

けれども妹の茜は両親にいったのです。

「この手術が終わったら、私もみんなと一緒にかけっこができるようになるよね？じゃあ、私やる！」

最終的には、妹自身が決断して手術を受けることになったのです。

手術当日、私が学校から帰ると、父が黙って私を出迎え、車に乗せました。

家の中では母が狂ったように泣き叫んでいました。私も胃袋を握り潰されたような気分でした。

父とともに病院に向かい、霊安室に横たわっている茜の小さな亡骸《なきがら》を見て、はじめて妹が死んでしまったんだ、と理解しました。

その瞬間まで、茜が死んでしまうなどと考えることはできませんでした。

その日以来、母はしばらく狂いました。毎日、泣いて泣いて、泣きつくしました。一年以上泣き続け、ようやく泣かなくなったと思ったら、あんなに明るかった母親が、人が変わったようにしょんぼりした人になりました。

父は何も話しませんでしたが、火葬場で泣いていました。

父が泣いているのを見たのは後にも先にもこのときだけです。父は心の中で、母と同じように泣き続けていたのだと思います。

休むことが嫌いな父でしたが、茜の死後、仕事を休むことがありました。

私が事件現場で出会ったご両親は、息子さんの死を嘆き悲しむことが許されませんでした。茜の死後、狂ってしまった父と母の姿を見た私には、このご両親の姿も衝撃的でした。このご両親の姿が私の両親の姿に重なりました。

彼らのような人たちの役に立ちたい、と本気で思いました。私はこの方たちの力になれる、と確信しました。

「夢」ではなく「天職」という言葉が自然に私の頭の中に浮かんだ瞬間でした。

もう逃げ腰になることはありませんでした。事件現場清掃という天職に正面から向き合い、リフォームの技術や消毒・消臭の薬品について、研究を重ねていきました。

事件現場清掃人という職業を誇りに思うようになっていったのです。

十字架を背負って

小学校四年生からタバコを吸い、親のことを煙たがって、あまり家に寄りつかなくなっていた私は、茜にとっても決していい兄ではありませんでした。とくに父親と顔を合わせるのが嫌だったので、茜が入院したと聞かされても病院まで見舞いに行くことはありませんでした。

正直なところ、私は自分のことしか考えない子どもでした。茜の心臓が弱いことは知っていたけれど、深刻に考えることはありませんでした。

忘れがたい思い出があります。なぜ、私は茜にあんなことをしてしまったのでしょうか。

茜が最後の入院をする数日前のことでした。

きっかけが何だったのかは、もう覚えていません。どこの兄妹にもある、つまらないことだったのか、それともいつものように親から叱られて、小さな妹に八つ当たりをしたのかもしれません。

とにかく私は腹を立てていて、「ふざけんなよ！」というなり手近にあった大きな皿を茜めがけて思い切り投げつけたのです。皿は茜のすねに当たり、床に落ちて割れました。茜は火がついたように泣きわめいていました。

小学生とはいえ、中学生ともケンカするほどの腕っ節の兄貴が、病弱な妹に思い切り物を投げつければ、どれだけ痛かったことでしょう。

そのときの私には、そんなことを想像する思い遣《や》りはなかったのです。

茜は、小さな体をふりしぼるようにして泣き叫んでから数日して入院し、そのまま帰ってくることはありませんでした。

時がたっても、妹を失った悲しみを忘れることはありません。同時に、あのとき、茜にひどいことをしてしまった後悔の念が胸を締めつけます。

茜に対してひどいことをしたのは、あのときだけではありません。当時の私は心がささくれ立っていて、事あるごとに茜にあたり、毎日のように頬《ほ》っぺたをひっぱたいたり、頭を小突いていたのです。

それらの一つ一つが脳裏によみがえっては心臓を締めつけ、取り返しのつかないことをしたという思いでいっぱいになります。

「ごめんな」

いつの頃からか、私は茜の墓前に行って話しかけるようになりました。

「これから、ニイニイがお前の分まで立派に生きて見せる。お前の分まで、二倍生きるからな」

私は妹という十字架を背負って生きて行くことを誓ったのです。

「お前の分まで、いっぱい泣いていっぱい笑うよ」

あの日、私は、呼吸を止めた妹を前にして誓いました。

あれから二八年の月日がたちました。

茜、あっちゃんニイニイはいっぱい泣けているかい？

いっぱい笑うことができているかい？

周りの人から必要とされ、きちんと誰かを愛せているかい？

妹にいつも問いかけています。

両親の涙に感謝

東京がどうなのかわかりませんが、沖縄では、中学生時代にグレはじめる人が多いようです。高校は入試を通ってくるので、ある程度均質化した生徒が集まるし、無茶なことをすれば退学させられてしまいます。

それに比べると中学校は種々雑多な人間の寄せ集めのようなところがあるうえに、義務教育だから退学の心配もない。安心してグレることができます。

私の場合はさらに早く、小学生の頃からグレはじめ、五年生のときに六年生をぶん殴り、六年生のときには中学生を殴っていましたので、中学に入学したときには上級生の仕返しを恐れました。

学校ごとのケンカ団体戦は日常茶飯事で、腕に自信のある者や体格の大きな者が五人くらい代表として選ばれ、殴り合います。私も体が大きい方だったので、よく代表になって闘いました。

私は、本当はそれほど強い方ではなかったのですが、なにしろお呼びがかかるので断るわけにはいきませんでした。

バイクに乗って暴走行為をしていたのは中学生のときでした。中二のときに先輩からゆずり受けた原付バイクを改造しては仲間と深夜まで乗り回しました。

家出をしたのも中学生の頃でした。家出といっても行くあてはないので、墓地に行き、改葬して空っぽになった墓を見つけてはその中に入って夜を過ごしました。沖縄の墓は小さな家のような造りになっているので、こっそり入って夜露をしのぐくらいのことはできるのです。

今から思えばグレたといっても可愛いものです。恐喝、盗み、それにシンナー、薬には決して手を染めることはありませんでした。

やんちゃ時代の私にブレーキをかけてくれたのは、やはり茜の死でした。みんなでバイクに乗って遠出し、一晩中走り回っても、私だけは毎日必ず家に帰りました。

仲間から、「真面目な優等生ですねぇ」と嫌味たらしくからかわれることもありましたが、親を泣かすわけにはいきませんでした。

実際、どんなに遅く帰っても、母親は起きて私の帰りを待ってくれていました。

「もう子どもがいなくなるのは嫌だからね」

私はいつも何もいえませんでした。

不良仲間とのつきあいは高校に入ってからも続き、なかには卒業後に極道になった者もいます。私もその道に誘われましたが、きっぱり断ることができたのは、妹を喪った両親の涙が私の頭の中に焼きついているからです。

無理心中の現場で妹を想う

今から六年ほど前、仕事中に茜のことを思い出しました。

その現場は、親子三人の無理心中があった部屋で、死因は服毒死でした。

部屋に入ると、蒲団の跡に三人分の血液と体液が残っていました。

体液の形から、お母さん、お父さん、小さいのが子どもだということがわかりました。

何が原因で家族そろって死ななければならなかったのか、私には想像もできませんでした。

清掃を一通り終え、遺品整理をはじめると、まだ幼い子どもが描いた絵などが出てきました。そうしたものを見ているとどうしても、八歳で亡くなった茜のことを思い出さずにいられませんでした。

茜が亡くなってからすでに二〇年以上過ぎているのに、まだ私の中にいる茜は幼い姿のまま、「ニイニイ」と呼びかけてきます。その茜の面影が、遺品の絵に重なって、私の胸を締めつけてくるのです。

しかし、感傷に浸ってばかりはいられません。私にできることは亡くなった人たちが少しでも安心できるように、少しでも喜んでもらえるように、心をこめて体液を拭き取らせてもらうことだけです。いつもと同じように、においが後に残らないように完璧な仕事をすることだけなのです。

特殊清掃の作業はいつもと変わらないのですが、妹のことを思い出しながらの作業はとてもつらいものでした。

第五章　事件現場清掃人への道

うまい話の大きな代償

それまで嫌々引き受けていた事件現場の清掃を、天職として受け入れるようになったものの、私には依然として借金が残っていました。これを毎月とどこおりなく返していくために、私は必死に働きました。

そんなとき、経営の勉強会で親しくおつきあいさせていただいている方から、新しい仕事のパートナーを探している人がいるから会ってみないか、という話をいただきました。

ありがたく紹介された人物を訪ねると、ある会社の部長さんで、大手自動車メーカーの下請け仕事を担当していたのですが、塗装や組み立てライン調整など、いろいろな仕事をまとめて受注するための事業を立ち上げたいと思っているので、私にその新事業の窓口を任せたいということでした。

私の仕事はハウスクリーニングやリフォームです。自動車の塗装や組み立てラインのことは、私の専門知識から少し離れているようです。

役には立てないだろうと思い、お断りさせていただこうとしたのですが、部長さんは少し強引な口調でひきとめてきます。

「もう一人、自動車メーカーの外注を長いことやってきた男がいるので専門以外は彼にまかせれば大丈夫でしょう。自動車メーカーからの仕事には、工場の清掃などもふくまれているから、あなたにはそれをやってもらいたいんです。受注がはじまれば、額としては小さくないはずだよ」

要は、たくさん入ってくる細かな仕事をひとまとめにして決済できる看板会社がほしいということなのです。私の会社さえあれば、あとは部長さんが請け負ってきた仕事をこちらに回し、もう一人の自動車メーカーの外注を長いことやっておられたという方が、得意のコネクションを使ってそれを片づけていく。私には、そのなかから自分のノウハウをいかせる仕事を担当し、財務管理をやってほしいとのことでした。

本当にそんなに物事が上手くいくものだろうか、と思いながらも、私は部長の言葉に押し切られる形でそうじ屋本舗を「(有) A&Tコーポレーション」に社名変更し、自動車メーカーからの外注仕事を請け負うことにしました。

二〇〇四年のことでした。

ところが、実際にふたを開けてみると、部長がいっていたほどの仕事が入ってくることはありませんでした。

そのうえ、部長の営業費は、この先入ってくるであろう売り上げから「外注先への先払い」という形で払わせられることになってしまいました。

味をしめたのでしょうか。部長の行動はどんどんエスカレートしていき、そのうちに請求書のなかに架空の仕事のものまで紛れ込ませるようになり、実際に売り上げのない請求をすることもありました。

うまい話はありません。私はまんまと詐欺師のカモにされたのでした。

気がつけば、彼に支払ったお金は思ってもいないほどの額にのぼっていました。

もちろん、すべてに気づいたときには部長の姿はどこにもありません。

後でわかったことですが、彼はもう一人の自動車メーカーの外注をやってきた男性からも巧妙に金を巻き上げていたようです。

まさか自分だけは詐欺に遭うことはない、と思っていたのですが、詐欺師の用意と口ぶりは実に周到なものなのです。

後に残ったのは、以前よりもふくれあがった借金と、「(有) A&Tコーポレーション」という会社の看板だけでした。

借金が増えた苦しみよりも、人に騙《だま》されることの悔しさ、簡単に騙されてしまった自分が情けなくて仕方ありませんでした。

楽して儲けようなどという考えは捨てました。

金、仕事、恋人……すべてを失った年末

息子さんのご遺体から出た体液にまみれて呆然となっていたお母さんにお会いしてから、私は本格的に特殊清掃についての勉強を進めるようになりました。

どうやったら汚れた部分だけを修復するリフォームが可能になるのか。どうやったら感染症も防げるだけの殺菌力を持ち、環境や人体に無害な除菌剤が得られるのか。

私は大学で化学を専攻している学生になったような気持ちになって、資料を読みあさりました。

その過程で、二酸化塩素という成分が有効であるという私なりの結論にいたりました。当時はまだ二酸化塩素という物質があまり知られていなかったこともあり、取り扱い業者を探すのに苦労しました。しかしようやく二〇〇四年から本格的に、事件現

場で使いはじめることができました。

効果は絶大で、においを完全に消し去るにはリフォームするか解体するしかなかった現場でも、この薬剤を噴霧するとウソのように悪臭が消えていったのです。

こうした研究には一年近い時間と、それなりの費用がかかりましたが、おかげで私はどんな現場に行っても自信を持って仕事にのぞめるようになりました。

仕事ぶりを見たお客様からも信頼が得られるようになり、次第に特殊清掃の業界で私の存在が有名になっていきました。

当然、仕事の依頼もだんだんと増えていくのですが、そこに目をつけたのが特殊清掃の仕事を斡旋《あっせん》してくれていた葬儀関連業者の社長さんでした。

特殊清掃は会社の一部門として成り立つと見た彼は、私に仕事のノウハウを教えるように迫りました。

彼のいい分はこうです。

我々にはご遺族や大家さんに特殊清掃とはどんな作業なのか、詳しく説明する責任がある。そのためには、私が使っている技術や薬品名などの情報も知っておきたい。

私はもちろん反論しました。

私がこれまでやってきた研究成果は、まったくオリジナルなものであり、研究にかかった費用もすべて自分で負担してきました。そのようにして自力で編み出したノウハウを簡単に他社の方に教えることはできません。

けれども、私が受けていたほぼすべての特殊清掃の仕事は社長さんからのものでした。社長さんの気分を害すると、天職だと感じた仕事の斡旋をしてくれなくなってしまうかもしれません。

かといって、「お客様への説明責任」を認めて、ノウハウを公開すれば、彼はさっそく自分の会社に特殊清掃部門をつくり、ご遺族や大家さんに対して新しいサービスをはじめる可能性があります。

どちらにしても、いい結果にはなりそうもありませんでした。

私は社長さんにいわれるままに、すべての資料を公開しました。現場での作業手順、使っている薬剤の成分と効能。それらをマニュアル化したものを社長さんに手渡したのです。

その結果――。

悪い予想が当たりました。社長さんからの仕事はなくなり、予想通り自分の会社に新しい部門をつくって新サービスをはじめたのでした。

人を信じることができなくなりました。せっかく出会った天職を一瞬にして失ってしまったのです。

自分で開発した技術の貴重さを知りました。

しかし、社長さんにはいいませんでしたが、当時使っていた二酸化塩素の除菌・消臭剤は、現在使っているものとは違い、改良を加える余地があると思っていました。

社長にはおいしいところをすべて取られてしまい、以後半年近くも特殊清掃の仕事がなくなりましたが、技術開発の重要性を痛感し、研究と勉強に熱が入りました。

その結果、今の私があるのですから、人生に無駄なことなどないのです。

大手自動車メーカーの外注会社で詐欺に遭い、ようやく信用を勝ち取りつつあった特殊清掃でも肝心のノウハウを騙し取られ、二〇〇四年の私は散々な目に遭いました。

しかし、そのまま沈没してしまうわけにはいかず、借金を返すために私は一生懸命に働き続けました。

事件現場清掃を天職だと感じ、特殊清掃に真剣に取り組んでいましたが、それはハウスクリーニングの一部門の仕事でした。

ハウスクリーニングの仕事だけでは足りなかったので、新たにマンション管理の仕事も請け負いました。

マンション管理業務というのは、建物や設備の管理点検をしたり、玄関や共用廊下、階段などの清掃を引き受ける仕事で、いくつものマンションと契約していけば効率的に安定した収入を得ることができました。

けれども、金銭的に大きなダメージを負ってしまっていた私には、なかなか先が見えませんでした。このままではいけない、どうにかしなければ、と追い詰められていくばかりで、物心両面で余裕がなくなっていきました。

お金の心配がいつも私につきまとっていました。

多額の借金を抱え、仕事を失い、プライベートでも恋人と別れ、心の支えを失いました。二〇〇五年の終わり、私はすべてを失いました。

事件現場清掃を本気で志す

まったくの逆風のなか、どん底からの再スタートでした。すべてが現在の自分につながっています。

二〇〇六年、A&Tコーポレーションの下部組織として、天職とまで感じた特殊清掃を専門にあつかう「事件現場清掃会社」を立ち上げました。

それまでのように葬儀関連の会社からの斡旋を待っているのではなく、自分から積極的に営業をかけていく方針に変えたのです。

インターネットが急速に普及しはじめましたので、ホームページをつくり、ご遺族、大家さん、あるいは葬儀会社からの依頼に二四時間体制で対応できるようにしました。

企業理念は「感謝追求」としました。

数年間、借金返済に追われるがゆえ、お金のことばかりを考えるようになってしまい、その結果、人に騙され、大切なものを失ってきました。

きびしい状態が続き、ついにどん底までいきつきました。

どん底までいけば、あとは上がっていくだけです。

そう考えたときに決意したのが、天職である事件現場清掃に本気で取り組んでいくことだったのです。

亡くなった息子さんの体液にまみれ、嘆き悲しむことさえ許されなかったお母さんを思い出し、あのお母さんのように困っているご遺族は日本国中にいるはずだ、私ならああいった方々の力になることができる、と強く思ったのです。

どんな死の現場であっても、死者を悼み、悲しみに暮れるゆとりをご遺族に提供する。そんな新しいビジネスが私ならできる。

それは損得勘定を超えた人間としての思いであり、亡くなった妹に誓った、「お前の分まで充実した人生を送る」という約束の実現でもありました。

私が現場に行けば、虫だらけの血液と体液にまみれた室内が、何もなかったかのように元通りになります。やっかいなにおいを消す技術にも自信がついていました。

テレビを見れば高齢化社会が問題にされ、毎年三万人以上の人が自ら命を絶っています。世の中に絶望し、寂しさに耐えられずに自殺を選んだとしても、自分の体が腐り果て、人が顔をそむけるほどの汚れと汚臭を残すことを望む人は少ないと思います。

(大家さん、お母さん、ごめんなさい。ここまで迷惑をかけてしまうとは思っていませんでした。誰か、この汚れと汚臭を取り除いてください。そして、早くまた普段の生活に戻ってください)

事件現場に赴くと、そんな死者からのメッセージを感じることがあります。

自死を選んだ方たちも、死後の自分の姿を想像することができなかったのだと思います。私ならば、故人のこの世の後始末のお手伝いをすることができます。

誰かがやらねばならない仕事があるのです。

私は死者の力によって生き返ろうとしていました。

「風俗嬢の寮を掃除してください」

事件現場清掃会社は特殊な仕事を専門にしていますので、最初はハウスクリーニングの仕事とは別にホームページをつくっていました。

ある日、電話がかかってきたのは、ハウスクリーニング用のホームページを見た男性からでした。

「ウチの従業員たちの寮を、掃除してもらえませんか?」

はじめは、いつもの依頼として話を聞いていましたが、詳しく話を聞いていくうちに、

「これはちょっと変わった仕事になるぞ」

と思えました。

電話をかけてきた男性は、横浜曙町で有名なファッションヘルス・チェーンのマネージャーで、「従業員たちの寮」というのは、ここに勤めている風俗嬢たちの住居だったのです。

「寮」といっても、お店が借りた普通のマンションやアパートに風俗嬢たちが住んでいるというだけのことです。

普通の部屋のハウスクリーニングと変わりありません。

それでは、なぜ私のような掃除のプロに頼む必要があるのでしょうか。

「実は彼女たち、掃除ができないんですよ」

マネージャーはそういいました。

女の人が一人で暮らして、部屋を散らかすなどということはよくありそうですが、汚し方が「ハンパではない」そうです。

なかにはゴミ屋敷のようになって虫が涌き、隣の住人から苦情が出ることもあるほどで、とても放っておけない状況だそうです。

もしかするとこれはハウスクリーニングというよりも、特殊清掃に近いのかもしれない、と思いました。

それならば、私の得意分野です。

下着、犬、血痕まみれの部屋

ファッションヘルスのお店といっても大小さまざまです。

依頼があったBというお店は関東を中心に手広くチェーン展開しているだけあって、曙町にある店だけでも六〇人ちかい女性が働いていました。

年齢のことははっきりとは教えてもらえませんでしたが、店の中に飾ってある女性たちの写真を見るかぎり、みな若く、ほとんどが二〇代前半、なかには一〇代としか見えない女性もいました。

掃除をする時間は、風俗嬢たちのシフトに合わせ、彼女たちが勤務中、自宅を空けている間にすませることになりました。

どんなに汚れているといっても若い女性が散らかし放題している程度だろうから、一軒につき一時間もあれば十分だと、計算していた私が間違っていました。

実際に彼女たちの部屋を訪ねてみると、ドアを開けたとたんに唖然《あぜん》とするほどの光景が広がっていました。

床一面に脱ぎ捨てられた洋服や下着が散らばり、それらが何層にも重なって数十センチもの山になっています。一メートルほどの山も三つありました。どう見ても脱ぎ捨てた服がつくった山でした。

おそらくこの部屋の女性は、洗濯を一度もしたことがないのではないでしょうか。洗濯機を持っていないのかと思っていたら、浴室の横には一台一〇万円以上もするような立派な洗濯機が、洋服に埋もれて放置されていました。

分厚い床と化した衣類には髪の毛がからまり、菓子パンと一緒に踏みつぶされて紙粘土のようになっているパンティがありました。ポテトチップスの袋の中にはなぜか大量の生クリームが入っていました。

あとで詳しく聞いた話では、風俗業界で働く女性たちには収入が高く浪費癖がある方が多く、洗濯などせずに次から次に衣類を買い足していくような方がけっこういるのだそうです。

確かに、どの女性の部屋に行っても、程度の差こそあれ、衣類が無造作に放り出されていました。

別の部屋では汚れた洋服の床の上を、子犬が走り回っていました。

仕事で疑似恋愛をして客の男性を楽しませている彼女たちは、自宅に帰って一人になるとたまらなく寂しくなり、流行の小型犬を飼って本当の恋人のように可愛がるのだそうです。

しかし、可愛がることと動物を飼育することは別で、彼女たちは餌を与えても汚れた皿を洗わず、散歩にも行かず、犬のフンまでそのままにしているのです。

私が見た部屋には、ドッグフードと犬のフンが同じようにあたりに転がり、かわいらしい子犬は不思議そうな顔をして、掃除をしている私を見つめていました。おそらくこの子犬は生まれてはじめて、掃除をする人間の姿を見ていたのだと思われます。

彼女たちのなかには犬を飼っているにもかかわらず、通いつめたホストクラブのホストとどこかへ姿をくらましてしまう方もいたそうです。

かわいそうなのは汚い部屋に残された犬です。

美しく着飾っている女性たちの真実の姿を見るような気がして、私にとってこのような部屋はある意味、事件現場より衝撃的でした。

風俗業界に勤めている女性には、どこか精神を病んでいる人が多いと聞いたことがあります。彼女たちの部屋を見ると、彼女たちの精神状態があらわれているようで、寒々とした気持ちになりました。

リストカットをする女性も決して少なくないようで、血だらけのタオルやカミソリが転がっているのを見たこともありますし、床のかたすみや風呂場に血痕も見ました。

人が一人死んでもおかしくないほどのおびただしい血液が残されている部屋もありました。事件現場だったのかもしれません。

真夜中のリフォーム

仕事ぶりが認められ、ファッションヘルス・チェーンの社長が私に会いたがっているという連絡をいただきました。

後日、ビルの一室にある社長室に通されて仕事のことなどを話していると、事件現場清掃会社の仕事内容や「感謝追求」という経営理念に深く共鳴していただきました。話すうちに私たちは意気投合していました。

しばらくしてから、今度は社長から直接連絡がありました。

「近いうちに、ウチの店を全面的にリフォームしたいのだけれど、お願いできるかな？」

内装のゆきとどいた風俗店の全面リフォームといえば、寮のハウスクリーニングより、ずっとまとまったお金になります。ぜひやらせてください、とお願いしました。

「ただ、条件があるんです。ウチの店は曙町だけで一日一〇〇〇万円程度の売り上げがあるんだ。リフォームのために休業してたら、工事日数かける一〇〇〇万円の損失になってしまう。そのうえ、女のコたちにも手当を払わなけりゃ他の店に逃げられちゃう」

「その通りですね」

「だから営業は一日も休ませたくないんだよ。いい方法ある？」

私はうーん、と考え込みました。

私の仕事は速い方だと思います。できるだけ短時間に仕上げてしまうのが私のやり方で、夜遅くまでかけて作業をすることは少ない方でした。しかし、これほどの制限時間をつけられるとなると、仕事の見通しがつきません。

今までとは違うやり方を考えなければ不可能です。

社長と話しながら、条件が煮詰まり、私は一つの案を出しました。

「お店の営業時間は風営法で決まっていますよね」

「午前零時までだよ」

「それじゃ、工事を午前零時にスタートして、朝の営業開始時間までに終えるというのはいかがでしょうか？」

風営法（風俗営業等の規制及び業務の適正化等に関する法律）では、その第一三条に「風俗営業者は、午前零時（中略）から日出時までの時間においては、その営業を営んではならない」と定めています。

なかには、この法令を巧妙にくぐり抜けて深夜も営業している店があると聞きますが、さいわいBというこの店は、法令を遵守《じゅんしゅ》している模範店でした。

私の提案に社長もすぐOKを出してくれました。

「時間制限があるので、個室を一部屋ずつリフォームしていきましょう」

「おお、それなら営業が続けられるね。ぜひ頼むよ」

この日から私の会社に、「真夜中のリフォーム」という看板が加わりました。

二〇〇六年のこの頃、私の周囲の内装業者の景気の悪さは深刻でした。

業界には仕事にあぶれ、金に困った業者があふれていました。

夜中の零時から日の出までの突貫工事があるよ、と彼らに声をかけると、昼間も仕事をしている業者がアルバイトの助っ人として喜んで集まりました。

社長に話したように、工事は細かく仕切られている三畳ほどの部屋を一部屋ずつリフォームしていきました。

営業時間の終了とともに、私たちの作業がはじまります。

部屋を隅々まできれいに清掃し、壁のクロスなどを張り替えていきます。一部屋一部屋の作業をいちいち最初から繰り返すため、工期は倍以上かかりますし、費用も倍近くかかってしまいます。

私にとってはありがたい新ビジネスでした。

人気店であるお店にとっても、休むことなく売り上げをあげ続け、お店をきれいにリニューアルしてさらなる集客を見込めるのですから、喜んでいただけました。

さすがに人気店で、私はお店から工事代を前金で一〇〇〇万円以上も支払っていただきました。借金に苦しんでいた身です。このときは本当に助かり、嬉しく思いました。

B店のリフォームを丁寧に仕上げると、社長はC店のリフォームも依頼してくれ、結局私は二店舗で二〇〇〇万円以上も稼がせてもらえました。

大型風俗チェーン店の真夜中のリフォームが業界で噂になったようで、その後も同じような条件での依頼が舞い込むようになりました。

風営法改正で大きな仕事を失う

真夜中のリフォームは、全部で二〇件は請け負いました。

昼間は一般のハウスクリーニングやリフォーム、事件現場清掃や特殊清掃をこなしました。

ほとんど家に帰る暇もないほどの忙しさが続き、車に寝泊まりすることがしょっちゅうでした。

ところが、せっかくうまく仕事が回りはじめたのに、二〇〇五年一一月に風営法の大幅改正が行われ（施行は二〇〇六年五月一日）、ファッションヘルス業界も大きく規制を受けるようになりました。

改正法施行後は、受付所や待機所なども店舗と見なされ、住所などの届出が義務づけられました。また、禁止区域内にある施設は摘発の対象になりました。

つまり、ファッションヘルス業界にとっては非常に商売がやりづらくなり、大打撃を受けたのです。

その結果、風俗店のネオンで賑わっていた曙町が、次第に暗くなっていき、店を閉めるところが続出しました。

風俗業界ではこの流れを受けて、店舗を構えずに電話で呼ばれたホテルや自宅に出張してサービスを行う、デリヘル（デリバリーヘルス）というものが次第に流行しはじめました。

店舗がないのですから私の出番もありません。

私に最初にリフォームを依頼してくれたBもなくなりました。

デリヘル店にも女性の待合室があります。待合室のリフォームもいくつかしましたが、大きな売り上げになることはありませんでした。風営法改正とともに、また一つ稼ぎ口を失ってしまいました。

事件現場清掃で勝負

風俗店専門の真夜中のリフォーム業は、私にちょっとしたバブル景気をもたらしてくれました。一人ではさばききれない仕事量で、スタッフも三人になっていました。

三人で事件現場清掃会社の特殊清掃もやれば、一般のリフォームもやる。ハウスクリーニングも、マンション管理もこまめに引き受けていけば、会社としての売り上げを伸ばしていくことはできたと思います。

しかし、風営法の改正によって大きな稼ぎ口を失った私は、天職である事件現場清掃で勝負する決意をしました。

私にはまだ負債が残っていました。売り上げ表を見ていても、まだまだ完済の道が見えてきません。わずか三人とはいえ従業員の生活を考えると、給料を払い続ける自信も持てませんでした。

年齢も四〇歳に近づいています。事件現場に接するうち、自分がいつまでも若くないことも、体力がいつまでも続かないことも考えざるをえませんでした。

（一人で全身全霊を込めて勝負してみたい。俺には天職に出会えたという最大の武器がある。今が勝負のときなのではないか？）

誰にも止められない思いが沸き上がりました。

私は三人の社員を集め、私の右腕として働いてきてくれた男にハウスクリーニング以下の仕事の権利とノウハウをすべて譲り、一人で事件現場清掃会社で勝負する決意を告げました。

三人も自分の生活に不安を覚えていたのでしょう。話し合いに長い時間は必要ありませんでした。

第六章　事件現場清掃ビジネスの可能性

事件現場清掃は儲かるか?

この仕事を始めて五年ほどは、私が一人ですべての仕事をこなしてきました。それは、高い技術と高品質の薬剤を用いてお客様に満足していただける完璧な特殊清掃をこなせる人間は、私一人という自負があったからです。

しかし全国のパートナーとともに数多くの現場作業をしていくうち、信頼できる人材に恵まれて、一人二人と社員が増えていき、現在は六人体制にまでこぎ着けました。

日本では自殺者が一四年連続で年間三万人を超え、孤独死する人の数も東京都だけで一年に六〇〇〇人以上います。

しかも、これだけの死者が出ているというのに今の社会には、引き取り手がない無縁死者を弔うシステムも、自殺による賃貸物件のトラブルを引き受けるシステムも、ほとんどありません。

私はここに非常に大きなニーズがあると考え、私自身が現場で培ってきた技術を「感謝追求」という思いとともに日本国中に広げていきたいと考えています。

私の考えでは、単に社員を雇って新人教育をしていくという方法では非常に効率が悪く、今の私のおかれている立場上も、非現実的です。増え続ける現場にも対応できません。

私が実行しているのは、全国にいるリフォーム業者や内装業者、建設業者を募り、その中から確かな技術を持つ人材と面談し、私と同じ思いを持って仕事にのぞめるプロのパートナーを育成していくという方法です。

これまで私が蓄積してきた有形無形のノウハウを、専門家とともに長い時間をかけて徹底的に体系化し、ビジネスモデルとしてつくり上げました。

集まってくれた方々とはパートナー契約を交わしたうえで、毎月ロイヤルティーを払っていただくことにしています。パートナー契約には私が持つ技術的ノウハウと、営業的なノウハウ、さらに薬剤会社と提携し、私だけが取りあつかうことができる専用の除菌・消臭剤や洗剤の提供がふくまれています。

契約にかかる初期費用は、特殊清掃・遺品整理を合わせて受注すれば、三〜六件で回収可能となっており、現在契約を結んでいる全国二六店のパートナーのなかには、数カ月でこの費用を回収している方もいます。

私の仕事を聞くと、「ものすごく儲かりそうですね」という方が多いようです。口に出さないでも、「人の嫌がる仕事をして、いいところに目をつけたな。ものすごく儲かっているんだろう？」と思っている方が多いようです。私の沖縄の友人たちは口を揃えてそういいます。取材にくる方たちも、遠回しにそう聞いてきます。

残念ながら現在の事件現場清掃会社の収入はそう多くないと思います。事務所も家賃数万円の、小さな賃貸マンションの一室です。

私自身、まったく、裕福な生活はしていませんが、これから先はわかりません。事件現場清掃の周囲には多くのニーズがごろごろと転がっているのは事実です。

体力的にも全国を飛び回り、二四時間いつだって連絡がやってくるきつい仕事といっていいでしょう。慣れてしまい、恐怖心はなくなりましたが、精神的につらい思いをすることは度々あります。

自殺、孤独死にかかわらず、一人の人間が亡くなると、関わりを持っていた人々は大きな影響を受けます。

とくにご遺族や大家さんが直面する問題は、「どうすればいいのだろう？」という不安で、多くの場合パニック状態になってしまいます。

私はこれまで数多くの事件現場に立ち会ってきましたが、何度となくご遺族と大家さんが料金の支払いをめぐって対立している様子を目の当たりにしました。

あるいは、業者に一度は処理を依頼したものの、その結果に満足できず、業者を巻き込んだ三者がにらみ合う図式を見てきました。

「身内なんだから、リフォームの代金は遺族が払うのが当然だ」

「二〇年以上も会っていない、顔も覚えていないような叔父のためにそんな金は払えません。こちらはすべて財産放棄させてもらいます。遺骨だけなら受け取ってもかまいません」

「一〇〇万近いお金を支払っているのに、いやなにおいがまだ取れない。もう一度やりなおしてくれ」

私は何度こうした対立や揉め事の仲裁をするため、間に立って調停役をつとめたことでしょうか。

こうした現場を嫌というほど見てきたため、事件現場清掃会社では設立当初から、料金の透明化、見積もり後に受けた仕事は完璧にやる、と決めていました。

この方針は徹底しています。

見積もりは無料です。料金振り込み確認後、速やかに作業を開始します。追加料金なしで作業を完了いたします。

この三つの基本方針の結果、私たちが施工した現場で、お客様からクレームが出たことは一度もありません。

事件現場清掃保険

実際の現場清掃開始は、お客様から料金振り込みの確認が取れてからになります。

事件現場清掃とそれにともなうリフォームでは、料金を誰が負担するのかで揉めることが多く、ときには負担者がはっきりしないまま、部屋を放っておけない大家さんや不動産会社から、「においがひどいから、まずは工事を進めてくれ」と頼まれることがあります。

けれども、何度も支払いに関する揉め事を見てきている私は、こういった意見に従うことはできません。

「私ならば完全ににおいを消すことができますが、お支払いはどなたからいただけるのでしょうか？」

大家さんはばつの悪そうな顔をして私を見ます。

「今、ご遺族と話し合い中なんですよ。必ずお支払いするから、とりあえずはじめてもらうわけにはいかないかしら？　私もこんなにおい嫌だし、早く借り手を見つけたいのよ」

50代男性の死後2カ月後の現場。
このような現場も何事もなかったようにきれいにすることができる。

大家さんの気持ちはお察ししますが、お引き受けすることはできません。

同じような状況で、お支払いいただけなかったことを何度か経験ずみだったのです。

こうしたトラブルに対応できる法整備をするべきだと思いますし、この問題を積極的にあつかう専門の弁護士がそろそろ現れてもよさそうなものだと思います。

故人を責める気持ちなどまったくありませんが、こういう事件では、大家さんもご遺族も被害者なのだとつくづく感じます。

今、問題となっている無縁死の場合、貯金通帳が出てきても遺族がいないかぎり誰にも解約することができません。お金の存在がわかっていても、清掃費用は大家さんが払うしかないのです。

事件や事故を起こしてしまった故人本人が清掃料金を払うにはどうしたらいいのか、賃貸アパートの新しい保険、事件現場清掃保険の必要性を私は本気で考えています。

ベランダにあった犬の死体

取引のある不動産管理会社から仕事の依頼がありました。

「マンションのベランダで死んでいる犬を処分してほしいんですけど」

「は？」

唐突な依頼に、思わず声が半オクターブ上がってしまいました。

相手は困った口調で続けます。

「一階のベランダで犬が死んでいるのだけれど、飼い主が旅行中なんですよ、ひどいにおいがするって隣の部屋の住人から苦情が出てるんですよ」

結局、この仕事を私が引き受けることはありませんでしたが、見積もりには行きました。

ベランダで中型の犬が横たわり、かなり腐敗が進んでいました。これでは隣の住人も耐えきれないわけです。動物や魚の死骸はかなりの悪臭を発生させるもので、ネズミ一匹でもかなりのものです。

池で腐敗している鯉や、動物の死骸のにおいを経験したことがある人でしたら、大きさからいって犬のにおいがどれほどか想像ができるのではないでしょうか。

現場の犬からは体液が漏れ出し、虫が大量に発生していました。

現場がベランダなので作業はすぐにでも開始できます。そばに水道もありましたので簡単な清掃作業ができそうです。ベランダのような陽の当たる場所は、室内と少し作業が違い、においも落ちやすいものなのです。私は九万円の見積もりを出しました。けれども、ここでも誰が支払うかで揉めました。

普通に考えれば、飼い主が払うように思えますが、旅行で不在です。誰かが立て替えても、旅行から戻った飼い主が払ってくれる保証はありません。後で聞いたのですが、旅行に出た家族は犬が死んでいたのを知っていたのでした。

このような代金の支払いは、対象が犬であっても揉めるのです。

ゴミ屋敷がもっともわかりやすい例でしょう。周りはゴミのにおいや汚れに迷惑していても、本人にとっては自分の所有する敷地内にある必要な荷物ばかりなのですから、撤去費用など払うわけがないのです。

支払う人が見つからなかったので、私が犬の片づけをすることはありませんでした。結局、旅行から戻った家族が犬の死体を段ボールに入れて保健所に持って行き、体液で汚れたベランダは水で洗い流したそうです。

「家族の一員」である犬が死んでいるのに旅行を優先させてしまう飼い主の気持ちは理解できません。私が清掃を請け負っていたら、料金が支払われることはなかったでしょう。

事故物件のリサイクル

「大島てる」というホームページが話題になっています。

このサイトでは東京とその近郊にある事故物件の情報が、地図と写真表示で見ることができます。ホテルのルームナンバーなども公開されているので、取材に使う雑誌などもあるようです。

自分のアパートの近所や会社の近所に事件現場がないかチェックする人が多いようですが、公開されるのはほんの一部でしょう。

私が車を運転すると、数多くの事件現場の記憶がよみがえります。凄惨な現場もありましたが、今はどこも何事もなかったかのように日常の風景に溶け込んでいます。

このサイトが定義している「事故物件」とは、殺人事件や自殺、火災などで死亡者が出た不動産物件ということになっています。

しかし、私のような仕事をしていると、殺人事件こそ少ないですが、自殺や孤独死がどこで起きていたかという情報が、全国にわたってわかります。

本書の冒頭で紹介した高級マンションは競売で数百万円にまで値が落ちたと聞きました。

これほど価格が下がるケースは少ないとしても、孤独死や自殺があった事故物件では、一般に家賃が二〇％から半分ぐらいまで引き下げられているようです。

さらに、最近では、どうやらこうした物件が求められているようなのです。確かに人が死んだ部屋に住むのは気持ちのよいものではありませんが、霊の存在を否定する人もいます。そのような方にとって、事故物件はただの格安物件のようです。

われわれと不動産業者が提携すればきれいになった事故物件を専門に販売、賃貸するニュービジネスも可能です。私の経験上では、一定のニーズがあるはずなのです。

いわば事故物件のリサイクルです。

成長し続ける事件現場清掃会社

特殊清掃という仕事がビジネスとしてはじまったのは二〇〇二年頃といわれています。超高齢化社会を迎え、単身世帯が増加し、自殺者の数が高いままの現在、ビジネスチャンスをにらんで、新規参入する業者が最近どんどん増えています。

私としては、いくらライバルが出てきても、技術に絶対の自信があるために動揺することはありません。理念を共有するパートナーという存在もあります。

むしろ、競合他社が出現し、切磋琢磨《せっさたくま》することにより、これまでこの業界で問題とされていた料金体系の不透明さ、技術レベルの大きな差、契約上のお客様とのトラブル多発などが改善されていくことでしょうし、我々業者の仕事が理解され、社会的地位の向上も期待されます。

事件現場清掃会社も、これらの問題をいち早く解消すべく日々精進しています。新規参入が続出し、頭打ちになるようなことになっても、この業界には新たなビジネスチャンスが広がっています。お客様に喜ばれる新しいサービスが尽きることはありません。

事件現場清掃会社でも新たなマーケット拡大に向けて、すでに動きはじめています。

事件現場清掃会社で培ったノウハウは、病院で亡くなった方にもご利用いただけます。病院に緊急入院なさった方にもご利用いただけます。

入院中の方は、自宅に残してきた品物を自分で整理することができません。代わりに私たちがお宅にお邪魔し、遺品整理の要領で品物を整理させていただくことが可能です。

東京都だけで年間九万五〇〇〇人の方が亡くなっています。全国では年間一二〇万人の方が亡くなっているのです。

運命的に出会った事件現場清掃でしたが、そのノウハウは、あらゆる死に対応することができるのです。

第七章　死のスタイル

孤独死はもはや普通のこと

私が誕生した今から四〇年ほど前、日本の庶民にとって団地に住むことは一つの憧れでした。高度経済成長とともに、地方から都会へと人は移り住み、都会には両親と子どもだけが暮らす核家族が増え、反対に地方では年老いた両親が残され、徐々に過疎化が進んでいったのです。

次々と建設されていった団地は、核家族が暮らすためには理想の、もっとも洗練された住処《すみか》であり、団地内には子どもたちの笑い声が響いていました。

しかし今、かつては抽選してまで入居者を決めていた団地はすっかり老朽化が進み、ここに住むのはすでに配偶者に先立たれたり、子どもが独立してしまった独居老人が目立つようになってきています。

あれほど子どもたちの声で賑わっていた広場にも人影はなく、社交場として活用されていた集会所も傷んでいるところばかりが目立つようになってしまいました。

ある団地では、九〇〇世帯あるうちの三〇%が単身者で、しかもその八五%が六五歳以上の高齢者だというデータがあります。

「家つき、カーつき、ババア抜き」などという言葉が流行ったことがあります。姑と一緒に暮らすのを嫌った核家族の主婦たちの言葉でした。

今では彼女たち自身が、一人取り残され、四〇年来暮らし続けている団地の一室でひっそりと余生を送っているのです。

ある意味、孤独死するのは仕方がないことで、もはや普通のことになってきているのかもしれません。未婚者の数と孤独死者の数は当然のことながら、これから比例して増えていくでしょう。

私は、いろいろな死の形をこれまで見てきましたが、近頃はこう考えるようになってきています。

孤独死とは現代においては一つの死のスタイルであって、それ自体決して悪いことではないということです。一人でないとできないことはたくさんあり、それをするために一人で生きる道を選んだ人もいるので、最後の最後が孤独死だったとしても不憫に思うことなどないはずです。

ただ、一人で亡くなった後、その人を思い出す人がいないのは不憫かもしれません。孤独死をし、誰にも発見されないまま肉体を腐敗させていってしまえば同情を買うかもしれません。「寂しい」と書き遺すような人生は、やはり寂しいものだったといえるでしょう。

これからさらに老齢人口が増え続け、独居老人があたりまえの社会になっていくことは明らかです。

「寂しい」老人を社会がどのように受け止めていけばいいのか、それが私たちに突きつけられている問題なのではないでしょうか。

お風呂で煮込まれたお婆さん

こんな現場がありました。

古いアパートにお婆さんが一人で暮らしており、お風呂に入っている最中に亡くなってしまいました。

そのお風呂には追いだき機能がついており、お婆さんは追いだきしながら入浴中に亡くなってしまいました。風呂釜で煮込まれてしまい、発見時にお湯はわずかしか残されていなかったそうです。

分譲マンションのリビングで力尽きてしまった男性の孤独死。
明るく、近所づきあいもあったが、発見までに1週間以上を要した。
その独身ライフは優雅だったという。

お婆さんと連絡が取れない、様子がおかしいと警察に通報したのはお婆さんの姪御さんで、警察が窓を割って部屋に入り、湯気の中でぐったりしたお婆さんを発見しました。

私のところに連絡をくれたのは、姪御さんでした。電話口で、彼女はか細い声でいいました。

「あの、お婆ちゃんがお風呂で亡くなっていまして……」

「ご確認はされたのですか？」

「いえ、警察の方に見ない方がいいと止められて、まだ誰も見ていません」

現場に行ってみると、死臭が漂っていました。発見が早かったため、それほど強烈ではありませんでしたが、強い脂分が腐ったにおいがしていました。

浴室をのぞいてみると、お婆さんの皮膚と体液が残った風呂水から、ウジ虫とハエが大量に発生しており、まずは虫の駆除をしなければなりませんでした。

ハエを除くと、浴槽の周りにお婆さんのご遺体の一部や髪の毛が残されていました。

赤褐色のゼリー状になった風呂水が悪臭を発生させていました。

これを処理するにはバキュームカーのホースで吸い上げるのが一番簡単なのですが、

費用がかかってしまいます。

　姪御さんに相談してみようとすると、いつの間にかお婆さんの妹さんやその娘さんなど、五人もの女性がそろってお婆さんの遺品を整理していました。五人は話しながら整理をしていましたが、昔を懐かしむように楽しげでした。

　お婆さんをバキュームカーで吸い上げたい、などとは口に出せなくなりました。

　私は彼女たちのところに行き、状況を説明しました。

「少し時間がかかりますが、浴槽に残っているお婆さんのご遺体をすくい取ってから浴室全体を清掃いたします」

「わかりました、よろしくお願いします」

　ずぶりとゼリー状の風呂水をすくってみると、かたまっていた表面がやぶれ、たちまち強烈なにおいが立ち上りました。

　さすがの私もこのときばかりは逃げ出したくなるほどでしたが、数時間かけてすべてを洗い流し、完璧に消臭も施しました。

　元通りになった浴室にご遺族を呼ぶと、彼女たちは風呂釜を囲んで泣き出しました。

　そして口々に、お婆さんにお礼をいっていました。

「お婆ちゃん、どうもありがとう」

「私たち、お婆ちゃんとこのお風呂に入ったんです」

「子どもの頃は、このお風呂で遊びました。思い出のお風呂なんです」

お婆さんが亡くなった日も、姪御さんは遊びに来て、「またくるからね」といって別れたそうです。

死亡推定時刻は姪御さんが帰られた数時間後でした。

確かに、このお婆さんの亡くなり方はショッキングでした。

病院で妹さんや姪御さんたちに見守られて息を引き取るのが、このお婆さんの理想の亡くなり方だったのかもしれません。

でも、私にはこんな別れ方でもいいのではないか、と思えるのでした。お婆さんと思い出のお風呂で、親族五人の女性が涙を流しながらお礼をいう。お婆さんが笑いながら喜んでいるように思えました。

お婆さんがみなから愛されていたのが私にはよくわかりました。不幸な死に方をしたとは思えませんでした。

餓死した大学生

一方で、やはり寂しい死に方もあります。マンションで発見された孤独死でした。亡くなったのは二一歳の大学生で、死因はなんと餓死だったのです。

有名大学に通っていたというのですが、友人とのつきあいはなかったそうです。人間は、なかなか死ねないものです。数日食べなくても死ぬことはありません。やせることだって大変なのです。どうして、一人でマンションに住めるような有名大学の学生が何も食べずに我慢しているような状況に追い込まれてしまったのでしょうか。

友人にも親にも心配されずに餓死した彼が、部屋に引きこもり、一人で飢えに耐えている姿を想像しながらの清掃作業には考えさせられるものがありました。「腹減ったな」、そんな言葉を呟く相手さえもいない人生はやはり、寂しいと思わざるをえません。

さらに悲しい現場もありました。

それは二階建ての家屋で見つかった孤独死でしたが、六〇代の父親が一階の奥にある和室で亡くなっていました。

驚くべきことに、依頼者は同じ家に住んでいた息子さんでした。

死後二カ月、二階で暮らしていた息子さんは父親の死にまったく気づくことなく、毎日会社に通勤していたそうです。現場から察すると、死後数日で腐敗が進み、虫も悪臭も発生していたはずです。

二階で暮らしていた息子さんは自分の部屋で大型の犬を飼っていたそうです。彼が会社に行っている間も犬は二階の部屋で暮らし、糞尿の始末もしていなかったのだそうです。二階は二階で、腐敗臭と虫にまみれていたのでした。

普段から親子の会話もなかったのだそうです。

亡くなったお父さんと息子さんは仲が悪く、同じ家に暮らしながら口を利くどころか、ほとんど顔を合わせることもなかったといいます。二カ月も父親の死に気づかなかったのですから、二人は顔を合わせないようにして暮らしていたのでしょう。

事情はわかりませんが、朝、一度だけでも、「おはよう」と挨拶を交わす習慣があれば、このような悲劇は防げたのが、残念でした。

亡くなったお父さんは、奥様と死に別れてから言葉数が減り、元気なく暮らしていたそうです。その期間がどれくらいだったのかわかりませんが、遺品整理をしていると、お父さんの寂しさが伝わってきました。

家族との思い出の品がたくさん出てきました。幼い息子さんと写っている写真もたくさんありました。写真を見ていると、お父さんが息子さんの顔を見たくなかったとは考えられませんでした。

私は遺品を整理し、息子さんに報告しました。

「全部、処分してください」

彼はそう答えただけでした。

幸福の延長線上にある孤独死

一人暮らしの方が死後何日かたってから発見されると、多くの人は故人を憐れみ、現場を不気味に思ってしまいます。

しかし、浴槽の中で亡くなり、煮込まれてしまったお婆さんに私は不気味さなど感じませんでした。「孤独死」という言葉はお婆さんには似合いませんでした。「変死」

という言葉も使いたくありません。

お婆さんには普段から行き来をしている身内もいましたし、仲がいい人もいました。お婆さんが亡くなってしまったことを悲しみ、生前の思い出を大切にしてくれる人たちがいました。現場を囲んでの思い出話に私は感動していました。悪い死に方だとは感じなかったのです。

特殊清掃が私の天職だと気づかせてくれた、息子の体液まみれになったお母さんのようなご遺族に出会えることも少なくありません。彼らは、「すいません、すいません」と出入りする業者や大家さんに頭を下げ続けます。大切だった身内の代わりに誠意を持って対応しているのです。

彼らの力になるのも私の仕事です。そういう方に出会うことができると、私はこういいます。

「どんなに時間がたって発見されようと罪悪感を持つ必要はありません。あなたはご自分の身内が不慮の死を遂げたことを十分に悲しんでいるし、苦しんでいます。立派な対応もしてらっしゃいます。他人が迷惑な顔をしようと、恥じることはありません」

現実から逃げることなく、故人の残した後始末を立派にしようとする彼らの姿に接すると、「孤独死」という言葉は不似合いです。

私から見た「孤独死」とは、やはりご遺体を引き取る人が誰もおらず、火葬や特殊清掃をふくめた費用を誰が出すのかと揉めているような死です。このような「孤独死」は、周囲が故人との関わりを避けているのです。故人から、みなが距離をとっているのがよくわかります。

誰に尋ねても故人の情報が得られず、責任がたらい回しにされるようなときにも、「孤独死」という言葉が頭に浮かびます。

今の日本では私から見ても「孤独死」と思われるような亡くなり方をする人が非常に多くなっているのが現実ですが、外から見て「孤独死」でも、本人にしてみれば本望であることも、これからは増えていきそうです。

人間は意識するしないにかかわらず、自然に自分にとっての幸せを選択しながら生きているように思えるのです。

不幸を求めて生きている人はいないはずで、自分の夢を叶えるために会社を辞める道を選んだり、精神的に不幸になってしまい、離婚という道を選び、その結果一人になる人もいます。生涯を通した学問・研究に出会い、一人ぼっちの道を選ぶ人もいるのでしょう。

その延長線上に孤独死があるのだとしたら、それは後悔のない人生の最期の姿なのだと思うのです。

「家つき、カーつき、ババア抜き」が理想とされた時代、核家族で団地に住むことが幸せでした。

しかし、その幸せは二〇年、三〇年と時がたつうちに、姿を変えていきました。子どもが独立し、配偶者に先立たれ、老人となってしまった方が一人取り残された形になってしまうケースは多いようです。逆に、親に先立たれ、もう若くなった子どもが一人残された形になることもあるようです。

一人きりになれば、当然寂しさを感じることがあるでしょう。自分を不幸せに感じることもあるでしょう。昔あれほどこだわった「ババア抜き」のババアそのものになってしまった、と自分の境遇を皮肉に感じている人もいるのかもしれません。

けれども、その寂しさや不幸は、自分が選んだ幸福の延長線上にあり、老いゆく人が誰しも通り過ぎる必然な感情なのだということができないでしょうか。

孤独死を減らすには？

本人が選んだ幸せの延長線上に孤独死があるならば、それは不幸とは思えません。

とはいえ、孤独死が遺された人の迷惑になってしまうことがあるのは事実です。

悲惨な孤独死を防止するにはどうすればいいのでしょうか。

私もこの問題はいつも考えているのですが、突き詰めていくと、やはり結局は非常に簡単なコミュニケーションが大事なのです。

家族と朝、顔を合わせたら「おはよう」と挨拶をする。隣近所の人に会ったら挨拶をする。

職場でも学校でも人に会ったら挨拶をしていれば、その人の顔を見なくなれば噂になります。電話で頻繁に連絡を取り合うほどの人がいれば、腐敗するほどの孤独死にはいたらないと思うのです。

何かをしてもらったら、「ありがとう」とお礼をいう。私が出会ってきた孤独死者たちには、それすらのコミュニケーションも持たない人が多いのです。

小さなコミュニケーションがもたらすものは、「自分の存在を知ってもらえる喜び」、さらには「必要とされる喜び」です。

「あなたがいなくて心配した」といわれて、嬉しくない人はいません。そこから、「心配してくれて、ありがとう」という素直な気持ちも生まれます。

私が事件現場清掃会社を天職と気づいたのも、ご遺族より心からの感謝の言葉をいただけたからです。彼らの役に立ちたい、と本気で思えたからです。亡くなった方からも、「後始末をしてくれて助かった。ありがとう」というメッセージが聞こえてくるからなのです。

人は、ありがとうといわれることによって、自分の居場所を見つけることができます。

孤独と戦っている人は一歩外に足を踏み出してほしいのです。あなたのことを心配している周囲の人に顔を出し、挨拶してみてください。何かがきっと変わります。周囲の人も一人暮らしの人に挨拶をしてあげてください。

すべての人が、「ありがとう」という思いを大切にしながら生きていけたならば、孤独死問題は激減すると私は信じています。

これからの孤独死ビジネス

事件現場清掃会社は、人の死後をケアいたします。

けれども私は今、死後のケアをもっと広げていく必要を感じています。

孤独死あるいは無縁死は、周囲の人を惑わせ、困らせます。

現在の日本社会では、高齢者が民間のアパートを借りようとしても、大家さんが嫌がります。「孤独死」されては困るからです。

若い人ならば、数年で引っ越していくことが予想されますが、仕事のない高齢者ではその部屋で亡くなる可能性も高く、家賃がきちんと払い続けられるか疑問を持ってしまうのです。

かといってマイホームを持つだけの財力のある老人は、そうはいません。

大家さんだって空室がない方がいいに決まっているのですから、孤独死があっても心配のないシステムは絶対に必要なのです。

定期的に単身者の安否を確認する会社も必要でしょう。万が一部屋で亡くなってしまった場合には、特殊清掃をし、原状回復してもらえる保険も必要でしょう。単身者の死亡後の事務処理を一括して引き受ける保険もあるべきです。

孤独死の現場に接していると、このような要望が増大しているのがよくわかります。NPO法人などが孤独死問題に取り組みはじめているようですが、まだまだ対応しきれていないのが実情です。

超高齢化社会を迎えつつある日本で、死後をケアするシステムの需要は確実に伸びています。全国にネットワークを広げている事件現場清掃会社でも、こうした社会的ニーズに幅広く応えていけるよう努力をしています。

終わりに

感謝追求

我々の真の依頼者は故人である。

依頼者の思いをご遺族に伝え、新たな道へおくり出すことが我々の使命である。

そして、人の生き様から学び、運命を受け入れ、その使命に燃え、人のために懸命に走り、すべての人にいかに感謝し、感謝されるかをもって、我が組織の理念を「感謝追求」とする。


これが事件現場清掃会社の理念です。

事件現場に駆けつけ、血液と体液を拭い、真っ黒なかたまりとなって襲いかかってくるハエの大群と対決する日々を私は送っています。

その中から生まれた言葉がここにあります。

ある日、仕事から戻ると母がしみじみといいました。

「みじめな仕事ねえ……」

今の私は、母の目を見据えていい返すことができます。

「事件現場清掃は尊い仕事です」

死者からの無言のメッセージが現在の私をつくりあげてくれました。そしてこれからの私を支えてくれることでしょう。

父も母も弟も、今では私を応援してくれています。私もこの両親の元に生まれたことを心より幸せに思っています。

家族の大切さを教えてくれたのも事件現場で出会った故人たちでした。

事件現場清掃は、ご遺族や大家さんに喜んでいただける仕事です。亡くなった人の力にもなれます。

そんな仕事に出会えたことに、私は喜びを感じています。

人の力になれることはとても嬉しいことです。感謝されることは素晴らしいことです。

孤独死や無縁死が問題になるにつれ、テレビや雑誌から私の元へ取材の依頼がやってくるようになりました。取材の申し込みが増えるにつれ、問題の深刻さを実感しています。

孤独死の現実と多くの悲しみが本書によって多くの人に伝わることを祈っています。

二〇一〇年三月　事件現場清掃会社　高江洲敦

文庫版のためのあとがき

単行本刊行から二年がたちました。私は相変わらず全国各地に出向き、大家さんやご遺族とお会いし、目の前の現場と向き合う日々を送っています。その結果、年間二〇〇件以上、二年間で五〇〇件を上回る現場に立ち会ってきました。

多くの現場に出向くことでさらに強くなった思いがあります。それは「孤独死をなくしたい」ということです。

「それじゃ、あんたの仕事がなくなるんじゃないの？」という声が聞こえてきそうです。しかし孤独死がなくなるのであれば、私は顧客に喜んでいただける仕事を、社長としてまたがんばって探すつもりです。

我が社が独自に作っている「統一用語集」の中で、「孤独死とは、故人の死を誰一人偲ぶ人がいない状態のこと」「NOT孤独死とは、故人の死を一人以上偲ぶ人がいる状態のこと」としています。

そうやって定義付けをすると、孤独死ゼロを実現するための手段を思いつくような気がしてそう決めました。

また、単行本刊行後に「事件現場再生保険」という保険を作りました。

これは、大家さんに加入してもらう保険です。ひと部屋あたり月々二七〇円から二〇〇円台で、万一の場合の特殊清掃、遺品整理、リフォームを最大一〇〇万円まで補償します。さらに家賃補償を一年間、もしくは最大二〇〇万円を補償するといった内容です。

この保険が誕生したことによって、「空室で困ってはいるが、単身者や高齢の方はちょっと……」と悩む大家さんのリスクを軽減することができます。

何より生活保護受給者や高齢者が引越しできる機会が、今よりも大幅に増えることと思います。

ほかにも、身元の引き受けや地域コミュニティーに受け入れられるようお手伝いをする活動などといった、おひとりさまが安心して人生の終焉《しゅうえん》を迎えるまでをサポートする組織も、まもなく開始します。

我が社のビジョン「孤独死をなくすこと」に向けて、一歩ずつ、ゆっくりではありますが、私は歩み続けています。

最後に、本屋に並んでいる『事件現場清掃人が行く』を手に取り、数年後の幻冬舎からの文庫出版を思い、実現にこぎつけるためにご尽力いただいた前田香織さんにこの場をお借りして御礼申し上げます。ありがとうございました。

二〇一二年一一月　事件現場清掃会社　高江洲敦

解説　この地上で——高江洲敦に

高山文彦

　ＪＲ根岸線の高架が目のまえを横切っている。古めかしい鉄筋コンクリート四階建てアパートの一階のいちばん隅っこに、高江洲敦は小さな事務所をかまえている。裏手には緑の丘陵が立ちあがり、そちらは高級住宅街。松任谷由実の歌に出てくるレストラン「ドルフィン」からは、高江洲のアパートも米粒のように見えると思う。

　私がはじめて彼を訪ねたのは、いまから二年まえの、冬の寒さがまだまだ肌をなでる早春のこと。事務所の壁に、なにか短文を印字したＡ４の紙が貼ってあるので、なんだろうと興味をおぼえて眺めてみると、

私は　この世界でたった一人の
かけがえのない価値ある存在である
愛するに値する　成功に値する人間である
私は　目標を明確にし　必ず成功する
I love me

と、書かれていた。

よほど孤独に耐えてきた男なのだろうと、私は何度もそれを読み返しては思った。自分の気持ちを高く強くもっていなければ、ぽろりと折れてしまいそうな、そんな職業に彼は就いているのだ。

色黒の肌、長くて濃い睫《まつげ》、二重瞼《まぶた》の大きな目は、白目のところがいやに真珠色に輝いて、琉球の人であることを物語る。いまでは社員を数名かかえているが、二年まえは社長の彼ひとりだけ。全国にフランチャイズを拡大しようとしており、すでに二二カ所の支店網をつくりあげていた。ひと月に四〇件の「現場清掃」の依頼が舞い込むという。

「こうやって私たちの仕事が増えるのは、けっしていい社会に生きてるわけじゃないという証明のようなものですよね。でも、これからもっと深刻になると思います。人口が激減し、経済はいま以上に疲弊して、税金はますます上がる。そのつけは、高齢者や貧しい人たちに背負わされることになりますから、孤独死も増えていくと思います」

押し出しの強そうな見かけとは裏腹に、慎重に言葉を選びながら物静かな口調で語る彼の仕事は、だれにも看取られることなく、たったひとりで死んでいった人たちの汚れた部屋をクリーニングし、遺品整理をし、しみついて離れそうにもない厄介な腐臭を取り除き、リフォームして、持ち主に返すことだ。死因はさまざまで、病気や自殺ばかりでなく、殺害の場合もある。

だれかがやらなければならない仕事ではあるけれど、だれもがやりたがる仕事では決してない。むかし「３Ｋ」と蔑《さげす》まれ、若者たちから敬遠されたブルーカラーの仕事が格段に上等に見えるくらいに、彼の仕事は、言ってみれば、この世界のなかで最底辺に位置する仕事なのかもしれない。

年間の自殺者、三万人超。われわれの国はそれを一〇数年間つづけ、連続記録を更新していこうとしている。

この数字は、自国民どうしが殺しあいをしている内戦下の国の死亡者数をはるかに上まわるだろう。もちろん内戦と自殺とでは意味が違うけれども、自分たちの国で長く起きていることは、心の内戦とでも言うべき、じつに荒涼とした経験であって、こうした経験が日常化したいまとなっては、何万人が自殺しようと孤独死しようと、取り立てて驚くような話ではなくなってしまった。人はすっかり慣れ、無関心になっている。

弱肉強食の世界が、いまや弱肉弱食の世界に変わっている。強い者が弱い者を食うのではなく、弱い者どうしが食いあいをする餓鬼道のごとき世界であるが、すでに富の蓄積を終えた強者たちはこれとはまったく別の次元にいて、弱い者どうしの食いあいを素知らぬ顔をして通り過ぎる。

人は結婚をせず、子どもをつくらなくなる。したがって、これからは家族という単位がものすごいスピードで減少し、個人の単位が増大する。高江洲が言うように、孤独死、無縁死の道は避けようもなく運命づけられている。人はこれから血縁で結ばれるのではない、あかの他人どうしによる、従来の家族になりかわる新しい集団形態をつくっていくものと思われるが、でもそれが税制面などで配慮されるまでには、まだまだ多くの時間と困難を要するだろう。

無視、無関心の構造の水底で声もなく果てていった人たちのために、はじめはやむを得ず食うために引き受けていた仕事を、いまではかけがえのない大切な仕事として敬虔に受けとめて、彼はひとり奮闘しているのだ。

中部地方のある都市まで、彼に同行させてもらったことがある。四階建てのアパートのまえに立つと、かすかだがもう腐臭が漂っていた。二階の部屋が現場で、死後二週間の遺体が発見されたという。

遺体はすでに荼毘《だび》に付されて部屋にはないが、六畳の部屋にはいってみると、花粉症用のマスク越しに強烈な腐臭が鼻にまといついてきた。遺体が横たわっていたベッドは、掛布団と毛布で蔽《おお》われており、了解を得てそれを引きはがしてみると、死者の残像がまざまざと敷布団にしみついていた。

焼けただれたように茶褐色に腐った体液のあとが、おぼろな人型に残っていた。重さの分だけ蒲団がめり込んでいた。このとき私はマスクをとっていたので、思いがけない悪臭が鼻から脳天に突き刺さった。

七〇歳の男性だという。高齢者は体液も少ないし、いまはまだ寒いから腐敗の進行も遅い。これが二〇代だったら体液がたくさん出て、もっとひどい状態になるらしい。

死んで長いあいだ放置された人間の体は、やがて腹が割れ、体液をたらしはじめる。肛門からも腐乱した内臓とともに、体液が洩《も》れる。そこにハエがたかる。ハエは卵を産みつける。ウジがわき、ウジはサナギへ、サナギは成虫へ、そうして彼らは、伝染病の恐ろしい菌を運ぶ。

彼はすぐに霧吹きで、なにかを散布しはじめた。薬剤の専門家と研究し検証を重ねたという特殊な薬剤は、悪臭を取り除くだけでなく、伝染病のもととなるウイルスや菌なども除去するという。

私は驚いて彼を見た。ほんの少しの間をおいて、腐臭がすっかり消えたからである。地元のフランチャイズの人に、彼は的確に指示を出し、大柄な体を躍動させていた。迷いというものが、まるで感じられないのだ。

仕事の細部や全体像については本編に詳しく語られているが、これを読むと私が行かせてもらった現場は、まだまだきれいなものだということがわかる。とはいえ、私は生まれてはじめて孤独死の現場を見たわけで、人間というものは、死んで放っておかれたら、尊厳もへったくれもなくこんなふうに腐乱し、とんでもない迷惑を他人にかけて溶けていくのだと知り、心底青くなった。

いまでも忘れられない、彼の言葉がある。

「死というものについて、人間はもっと深く考えなければいけないと思います。これまでたずさわってきた現場は、ほとんどがゴミの山になっていました。そうやって死んでいくのは、男性がほとんどなんです。その人の人生とは、なんだったんでしょうか。ゴミの山のなかで暮らし、ゴミの山のなかで人知れず死んでいって、そして死んでしまったら遺族から恨まれる。死んでまで恨まれるなんて、あまりにも悲しいじゃないですか。

便利で豊かな国にいるんだから、自分はつらいんだ、助けてくれ、痛いんだ、助けてくれ、と手を挙げさえすれば施設にぐらいはいれるでしょう。なのにそうしないで死んでいくのは、自分ひとりで生きられると驕《おご》っているからだと思うんです。どんなに平和で豊かであっても、人間はひとりでなんか生きられるはずがないんです。それなのに、生きられると思っているところが現代病だと私は思います。遺族の方だって、恨んだままで生きるのはつらいでしょう。弔う気持ちをとりもどしたいと、ほんとうは願っているんですよ」

彼の仕事は、リフォームを完璧に終えて、持ち主に家や部屋を返すことのみではないのだ。死者と遺族の声を聞き、両者の隔たりを埋めて、最後は遺族の心に平安をもたらす良き仲介者となることなのだ。

本編にも紹介される若い餓死者の話は、彼から直接聞いている。この日本という国で、「餓死」という言葉は死語ではないかと思っていた。まだ若い男の餓死の現実は、いまの時代の暗部を象徴しているのかもしれない。その男が暮らしていた横浜寿町のドヤ街に、私はむかし「原発労働に行くな」と書いたビラを貼ってまわったことがある。ここの住人たちは、ヤクザにかき集められて、福島や柏崎に行っていたのだ。彼らはどうしているのかと、急に気になって仕方なくなった。

最近も彼とこの街で焼き肉を食った。原発事故以降、ますますこの街はさびしくなっている。

親に捨てられた子どもらを育てる施設をこの街につくりたい、と彼は言う。ドヤの大人たちにも集まってもらい、特殊清掃の仕事にたずさわってもらいたい、とも。子どもらにはそうした大人たちの姿を見せることによって、生きることと死ぬことの大切さを学んでもらい、大人たちには子どもらの先生になって、生きる歓びを味わってもらいたい、そうして死の間際に、なぜ自分はこの世の中を生きてきたのか、そしていまなぜこんなふうに死んでいこうとしているのか、理解してもらう手立てになれば、と言う。

私は彼の話を聞くのが好きだ。この地上で、生まれあわせた幸運をよろこびたい。

——作家

この作品は二〇一〇年四月飛鳥新社より刊行されたものです。
文庫化にあたり、データ類は二〇一二年現在のものに更新しました。

※ご遺族と故人への配慮から、文中の設定は若干変えてあります。

幻冬舎文庫

●好評既刊
交差点に眠る
赤川次郎

廃屋で男女が銃で殺されるところを見た悠季。十三年後、ファッションデザイナーとなった悠季の前に人生二度目の射殺死体が現れた！　度胸とひらめきを武器にアネゴ肌ヒロインが事件に挑む。

●好評既刊
フリーター、家を買う。
有川浩

3カ月で就職先を辞めて以来、自堕落気儘に暮らす〝甘ったれ〟25歳が、一念発起。バイトに精を出し、職探しに、大切な人を救うために、奔走する。主人公の成長と家族の再生を描く長篇小説。

●好評既刊
絶望ノート
歌野晶午

中学2年の太刀川照音は、いじめの苦しみを日記帳に書き連ねた。彼はある日、石を見つけ、それを「神」とし、神に、いじめグループの中心人物・是永の死を祈った。結果、是永はあっけなく死ぬ。

●好評既刊
生活
銀色夏生

一年間にわたって、雨の日、暑い日、寒い日、静かに歩きながら、ところどころで撮り溜めた写真と、詩。魂の次元で向かい合い、それぞれの人生の一部を切り取った、写真詩集。

●好評既刊
トリプルA　小説 格付会社（上）（下）
黒木　亮

「格付」の評価を巡り、格付会社と金融機関との間に軋轢が生じ始めていたバブル期の日本。若き銀行マン・乾慎介らの生きざまを通して、格付会社の興亡を迫真の筆致で描く国際経済小説！

GENTOSHA OUTLAW BUNKO

事件現場清掃人《じけんげんばせいそうにん》が行《い》く

高江洲敦《たかえすあつし》

平成24年11月10日　初版発行

発行人――石原正康
編集人――永島賞二
発行所――株式会社幻冬舎
〒151-0051東京都渋谷区千駄ヶ谷4-9-7
電話　03(5411)6222(営業)
　　　03(5411)6211(編集)
　　　振替00120-8-767643

印刷・製本―近代美術株式会社
装丁者――高橋雅之

幻冬舎アウトロー文庫

ISBN978-4-344-41943-8　C0195　O-120-1